親職教育概要

吳錦惠　吳俊憲　編著

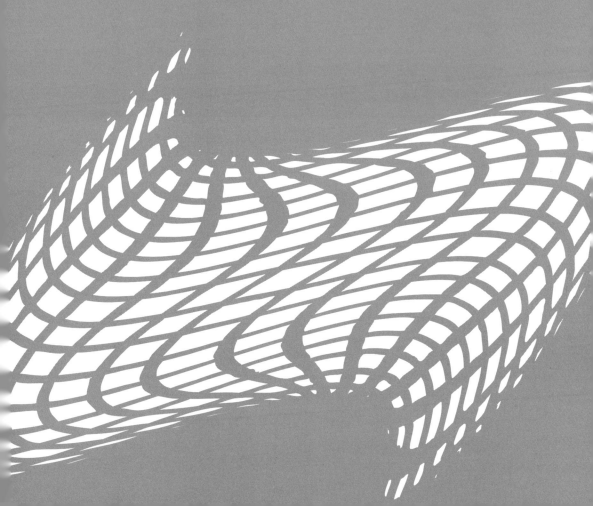

作者的話

　　親職教育旨在培養有效能的父母。本書共分九章，第一章緒論介紹親職教育的意義、重要性、功能及父母角色，第二章說明親職教育的規劃與實施，第三章詳細剖析親職教育的理論基礎，第四章闡述重要的親職教育課程，第五章探討家庭類型與親職功能運作，第六章說明親師關係與溝通的概念及技巧，第七章說明親子關係與溝通的意義及方式，第八章探究兒童特殊行為的處置及預防，第九章釐析我國親職教育實施的問題與改進。

　　本書內容涵蓋親職教育三大要點，包括理念探究、理論分析及實務應用。本書撰寫方式不採長篇論述，儘量條列重點敘述或輔以圖表呈現，讓讀者能夠有系統的閱讀，並易於記憶理解。本書蒐集及整理的資料，已儘可能網羅國內近年來重要的親職教育專書及最新文獻，透過資料交互間的補長截短，使讀者可以全盤掌握親職教育的基本概念知識、原理原則、理論基礎及應用方式。

　　本書除了可作為大學、技術學院及高職相關科系所之學生的入門教材，也可以作為準備國家考試（含普考、初等考試及四等特考等）的講義。每章文後，開設「作者的叮嚀」專欄，提示本章的重點；每章之後，加列「自我測驗」及「歷屆考題精選」，提供讀者自我檢測及延伸思考。另外，全書之後的附錄，特別蒐集近年來國家考試親職教育的相關試題，主要為申論題，題末均註明考試年次及類別，並逐一提供解答供讀者參考。

　　書成之際，要特別感謝靜宜大學社會工作與兒童少年福利學系林千

婷、石涵如、廖郁欣、黃玫甄四位學生，協助蒐集及整理資料。另外，也要感謝五南圖書出版公司陳念祖副總編輯努力為本書催生。本書匆促成書，疏漏之處在所難免，尚祈方家不吝指正。

吳錦惠、吳俊憲
2011年4月

目 錄

作者的話

表 次

圖 次

Chapter 1

緒 論

本章學習重點

- ■親職教育的意義
- ■親職教育的重要性與功能
- ■社會變遷對親職教育的影響
- ■父母親職角色的發展
- ■強制性（高危險群父母）的親職教育
- ■特殊境遇父母的親職教育

第一節　親職教育的意義

一、親職教育的定義

親職教育（parent education）的定義有狹義及廣義兩種，說明如下：
（王連生，1988；吳百祿譯，2005；李麗雲，2008；邱書璇、林秀慧、
謝依蓉、林敏宜、車薇，1998）

（一）狹義的親職教育

親職教育強調家庭父母的角色和功能，著重父母與子女之間的倫理關
係，包括垂直關係（例如上下隸屬）和水平關係（例如民主尊重）。

（二）廣義的親職教育

親職教育屬於家庭教育（family education）的一環，包含家庭親子關
係互動及情感陶冶，家庭成員的生活與親情交流，從家庭中學習到人格特
質、價值觀念與生活習慣，以及各盡本分、各司其職，扮演好適當的嚴
父、慈母、孝子及賢孫之角色，達成家庭和諧之目標。

（三）綜合性的定義

1. 親職教育源自1910年代的美國，由中產階級父母參與學校活動，藉
   以瞭解子女的需求。
2. 親職教育是教導父母如何「作父母」的專業知能，是一種對父母的
   再教育，可作為社會發展的基石。
3. 親職教育的對象有二，一是已為人父母者，另一是準備為人父母
   者，對他們實施專業教育，培養他們教養子女的專業知能，提供他

們調整親子關係的有效方法，引導他們扮演好稱職的父母角色，以促進家庭功能運作健全、子女身心全人發展。

二、親職教育、家庭教育及親職治療的異同

親職教育、家庭教育及親職治療的區分，說明如下：（王鍾和，2009；陳玥，2004）

（一）親職教育 v.s. 家庭教育

廣義的家庭教育，是指一個人自出生至死亡，受到家庭成員互動、成長環境、家庭氛圍及教養方式等因素，而直接或間接影響一個人日後的心智能力、行為習慣、思想觀念、道德態度、情感生活、倫理關係及人格發展等。狹義的家庭教育則是指一個人早年在家庭中所受到的影響，意即父母在子女處於兒童時期施以管教活動或生活訓練，藉以奠定日後為人處世之良好態度與品格的基礎。前者的時間乃是終其一生，後者則只有早年時期。

比較親職教育與家庭教育異同，說明如下（見表1）：

1.相同點

（1）在教育體制上：皆是「非正規教育」。

（2）在教育內容上：皆主張教育與生活相結合。

（3）在教育目標上：皆在於培養兒童的氣質習性與人格發展。

（4）在教育功能上：皆對個人一生、社會進步和國家發展有深遠影響。

2.相異點

（1）在教育重心上：親職教育以兒童為中心；家庭教育以父母為中心。

（2）在教育原理上：親職教育注重親子交流與互動；家庭教育注重

倫理關係與發展。

（3）在教育方法上：親職教育偏重輔導，善用鼓勵、溝通及引導；
　　　家庭教育偏重訓導，善用身教、訓誨及管教。

（4）在教育氛圍上：親職教育強調民主而不失放任；家庭教育強調
　　　權威且嚴明管教。

表1　親職教育與家庭教育的相異點

項目	親職教育	家庭教育
教育重心	兒童中心	父母中心
教育原理	重視平等關係，注意親情交流與互動	重視主從關係，注重倫理關係與發展
教育方法	採輔導方式，重雙向溝通、鼓勵和引導	採訓導方式，重單向灌輸價值、訓誨和管教
教育氛圍	強調民主	偏重權威

資料來源：本書自行整理。

（二）親職教育 v.s. 親職治療

有些父母本身有長期的心理疾病、虐待子女、嚴重親子衝突，若只是
提供這類父母一般性的親職技巧，將無益於解決子女的教養問題，必須針
對父母施以親職治療，改善其心理困擾及提供特殊的親職技巧，方能徹底
改善家庭或親子問題。

比較親職教育與家庭教育相異點（見表2），說明如下（許鶯珠、黃
玲蘭、丁介陶，2004）：

1.在成員組成上：親職教育多是教師和諮商師；親職治療必須是專業
　的精神科醫師、心理學家和社工人員。

2.在性質目的上：親職教育注重分享教養資訊、提供親職技巧；親職
　治療注意父母個人問題的介入和瞭解。

3.在實施時間上：親職教育大約6至10週，每週1至2次；親職治療時

間差異大，可能會無限期的持續，直到雙方關係終止。

4. 在問題解決上：親職教育要處理的問題比較普及性，只需要提供父母一些良好的溝通技巧，或教導如何設定兒童行為表現的準則；親職治療要解決的問題比較嚴重，有的涉及父母當事人之人格重建與認知調整，有的則要消除不良的教養習慣並學習新的教養技巧。

表2 親職教育與親職治療的相異點

項目	親職教育	親職治療
成員組成	教師和諮商師	精神科醫師、心理學家和社工人員
性質目的	分享教養資訊、提供親職技巧	父母個人問題的介入和瞭解
實施時間	有時間限制	時間差異大
問題解決	普及性	嚴重性

資料來源：本書自行整理。

第二節　親職教育的重要性與功能

一、親職教育的重要性

現代社會快速變遷，導致家庭和人口結構改變，包括老年人口激增、嬰兒出生率下降、女性勞動就業率提高、離婚率上升、遲婚現象普遍、新移民家庭增多、單親家庭及隔代教養家庭增加等，於是各種家庭困境與兒童適應問題接踵而生。

親職教育的重要性在於強化家庭功能，預防兒童及少年產生適應問題，另一方面銜接學校及社會資源，支持家庭發揮正向功能，進一步消弭不利於兒童成長的環境因素和社會問題。透過親職教育，可以增進父母對

子女教育有新知識和新方法，而且學校教師也可以在課程中提早教導青少年及大學生認識親職教育（郭靜晃，2009）。

詳言之，親職教育的重要性如下：（王鍾和，2009；陳玥，2004；郭靜晃，2009）

（一）強化社會變遷中的家庭教育功能

當前國內工商服務業的經濟型態下，職業婦女及雙薪家庭日益增加，核心家庭相當普遍，造成親子關係網絡的依賴度低，家庭結構鬆散，家庭倫理式微，也連帶影響到兒童的價值觀產生偏差。傳統父母角色正面臨挑戰和轉型，推動親職教育可以強化現代家庭功能，重建親子親密和諧的關係。

（二）增進現代父母的教養觀與新方法

推廣親職教育可以促使現代父母意識到時下子女不同於以往，然後引導父母適當的扮演多元角色，並負起教養子女的職責，也協助父母學習如何教養子女的新方法。因此，可有效改善父母的教養態度和行為，並促進親子關係。

（三）促進子女的發展及學習成就

因為鼓勵父母積極參與子女的學習活動，有助於增進子女的認知能力、人格發展、學業成就及自我概念。另外對於準備為人父母者，可以提早具備正確的親職知能。

二、親職教育的功能

林家興（2007）認為親職教育的功能有消極和積極兩方面。消極方面，可以幫助父母與子女改善有問題的親子關係或避免親子問題惡化；積

極方面，可以幫助父母與子女預防親子問題的發生或增進更好的親子關係。換言之，可以預防兒童虐待與疏忽、預防青少年濫用藥物、預防青少年犯罪、預防心理問題的產生、預防子女學習挫敗，最終促進良好的親子關係與和諧的家庭生活。

親職教育的功能主要有七項，說明如下：（吳錦惠，2007）

（一）開啓心智能力

兒童天生好動、好奇心旺盛，親職教育幫助父母瞭解子女在不同階段的生理、心理需求和發展，布置舒適、安全及多元的學習環境，以增進兒童心智能力的成長。

（二）培養氣質習性

一個人的氣質習性大都是在早年家庭生活中養成的，例如父母安排規律的作息，要求良好的衛生習慣，培養閱讀習慣的氛圍，學習適當的禮儀，以及提供適應生活的需求等。

（三）穩定人格發展

家庭的教養態度與方式影響兒童的個性與人格發展甚鉅。因此，若是父母能在家庭生活中給予溫暖融洽的感受，在身教與言教做出良好的示範，有助於日後兒童人格的健全發展。

（四）認識自我概念

「我是誰？」「我是從哪裡來的？」「我為什麼長這個樣子？」這些問題是一般兒童自小的疑惑。親職教育應教導兒童認識自己，包括認識自己的身體樣貌及對自己的看法，培養正確的自我認同概念，以及教導合適的道德是非觀念。

（五）鍛鍊健康體魄

兒童年紀尚小時，需要依賴父母家人的養育與保護，期間應培養兒童良好的運動習慣，促使身體各機能均獲得健康的成長與發展。此外，由於兒童在六歲以前是各種感官發展的關鍵期，是故家庭應讓兒童在日常生活中進行感官經驗的學習，例如刷牙、穿衣、整理玩具及照顧小動物等，使其逐漸學會自我照顧的能力。

（六）積極人生觀念

父母的責任是在子女成長過程中，時時給予關懷、支持與指導，鼓勵子女建立積極的人生觀，培養負責、樂觀、進取、主動及獨立的品格，以及適應社會及問題解決能力，一方面預作成人而準備，另一方面期勉自己長大後成為社會上有所貢獻的人。

（七）增進親子關係

透過親職教育，父母學習到有效教養子女的知識和技能，包括認識子女的身心發展、特殊問題需求、管教方法及法律知識，再加上父母能自我省思、良好的情緒管理、與子女培養或重建情感，有助於親子關係的改善。

第三節 社會變遷對親職教育的影響

家庭是最基本的社會組成單位，整體社會的發展與變遷會直接或間接的影響到親職教育功能的發揮，例如社會經濟不景氣導致家庭收入減少，會造成家庭休閒娛樂跟著緊縮，生活壓力變大。事實上，家庭人口結構、成員互動、子女教育方式及休閒娛樂等，都與社會變遷有密切關係。

　　我國近年來的社會變遷對親職教育的影響甚鉅，說明如下：

一、失業率居高不下，父母無暇顧及家庭生活品質

　　國內過去經濟繁榮發展，家庭收入增加、生活設備增加，生活條件獲得極大改善。不過，近年來由於全球性失業率持續攀升，家長一旦失業，便會導致家庭經濟狀況不佳、家庭成員情緒低落，也連帶影響到親職教育品質（黃德祥，2006）。

二、生育率下降，少子化突顯獨生子女的適應問題

　　根據內政部統計處（2010a）資料顯示，我國嬰兒出生人數在1997年約32萬人，1998年下降為27萬人，至2009年逐年下降至約19萬餘人。事實上，少子化效應始自1998年便已出現端倪，出生人數較1997年驟減5萬餘人，自此而後，少子化現象每下愈況。2010年上半年出生嬰兒數有8萬2,712人，較2009年同期大減8.9%，折合年粗出生率7.2‰續創新低，主要係部分國人對於出生嬰兒生肖屬虎有所忌諱而影響生育意願所致，惟降幅已較前次虎年（1998年）之減少16.7%趨緩。

　　往好處想，家庭子女數減少可以減輕家庭經濟負擔，但獨生子女卻會衍生出社會適應和家庭教養問題，尤其我國自1993年起邁入高齡化社會以來，65歲以上老人所占比例持續攀升，2010年底已達10.7%，老化指數為68.6%，近3年間就大升10.5個百分點，顯見獨生子女未來肩負扶老的壓力更大（內政部統計處，2011a）。

三、離婚率升高，單親家庭及隔代教養影響親子品質

根據內政部統計處（2010b）資料顯示，我國2009年全年離婚對數有5萬7,223對，較2008年增加1,120對（或增加2.0%）。近10年來離婚對數之平均年增率為1.5%，其中1999年至2003年間呈逐年快速遞增，2004年至2009年間呈增減波動。家庭結構改變，單親家庭和隔代教養的情形跟著快速增加，家庭功能失調及教養觀念的差異，使得單親兒童產生許多適應不良的問題。

四、職業婦女增加，母職角色衝突易造成家庭功能式微

根據內政部統計處（2008）資料顯示，2008年就業婦女占47%，其中逾半數從事商業及服務業；未就業婦女占53%，以照顧家人及在學或進修中最多。另外，59%的就業婦女對工作環境存有困擾，其中以工作壓力大者最多。我國社會變遷的特徵之一是女性大量進入就業市場，而且通常都已結婚生子，現代婦女必須扮演多元的角色，而在角色轉換與面對不同環境的適應下，形成兩難困境及情緒失調。使得家庭成員相聚時間減少、關係變得疏離，子女下課後不是去安親班報到，就是待在家中成為鑰匙兒童，因此，要求父親承擔家務的需求也日漸增高。

五、新移民家庭增多，另類的子女教養危機亟待重視

根據內政部統計處（2010c）資料顯示，2003年（含）以前國人結婚之外籍與大陸港澳配偶人數占總結婚對數比例成逐年遞增，至2003年達31.86%之最高峰，即平均每3對結婚就有1對是中外聯姻，其中又以大陸配偶占5成以上居多。2004年起外籍及大陸港澳配偶所占比重逐年降低，至2008年降至14.03%之新低點，2009年回升為18.71%，2010年上半年又

見回降,較2009年同期降低2.48%。

根據內政部戶政司（2008）、內政部統計處（2009）的資料顯示,自1998年至2009年止,全臺嬰兒出生數累計2,625,256人,其中生母國籍為大陸、港澳地區或其他國籍者由1998年的5.12%逐年遞升,至2003年的13.37%達到最高,其後有微幅遞減的情形,至2008年止達9.60%,截至目前就讀中小學的新移民子女共有129,899人、國小113,173人、國中16,726人。由此可知,每年的新生嬰兒中,新移民子女人數曾高達平均約每8名就占1名,但最近人數成長速率已趨緩,約每10名占1名。

從新移民女性常見的生活適應問題主要有:婚姻與生活適應不良、語言與人際適應不佳、缺乏親職教育的知能。換言之,新移民女性本身在習俗、語言、社會及文化等方面的差異,除了造成許多生活適應與溝通不良的問題外,也會直接影響其子女,加上所處社經地位低落、文化刺激不利、教育程度偏低、缺乏育兒知識等因素,使其子女容易面臨一些特殊的教育需求與問題。

第四節　父母親職角色的發展

一、角色的意義

角色是一個社會學的概念,是指對於具有特定社會地位的人,期待應有適當的行為表現,也常伴隨著一套既定的權利和義務。家庭屬於社會體制的一環,家庭中有各種不同的角色,例如父母和子女,因此,父母有管教子女的權利,也有照顧、保護和養育子女的義務（黃德祥,2006）。

二、父母親職角色的發展

傳統的概念上，好父親角色重視權力和支配，好母親角色重視對家庭子女的付出。然而，現代父母親職角色正面臨轉型，強調「發展的概念」（見表3），說明如下：（黃維齡，2002）

（一）父親角色的發展

傳統上，父親是家庭的決策者，也是子女的楷模，但對於教養子女處在邊緣角色，與子女的親密度遠不及母親。而母親比較是擔任情感滿足的角色，注重子女心理的滿足與情緒表達。身為現代父親的角色必須轉型，包括：

1.調整性別角色的刻板印象，引導兒童正確的性別認同。

2.鼓勵參與生育與嬰幼兒哺育，建立夫妻與子女的情感支持。

3.學習情感表達、同理心與溝通技巧。

（二）母親角色的發展

傳統上，母親角色被賦予在婚姻、家庭與子女教養上的責任，包括承擔家務、滿足子女生理需求、訓練子女生活習慣的養成及其他教育活動。身為現代母親的角色必須調適，包括：

1.管教子女的態度和方式要彈性化，注重子女的情緒需求，鼓勵獨立自主及自我發展。

2.職業婦女的成就無法取代親職責任的疏忽，必須在工作、家庭及子女教養上儘量取得平衡點。

3.面對子女教養的問題與壓力越來越大，母親也需要不斷地成長，主動尋求協助克服困難。

表3　父母角色在傳統概念與發展概念之比較

	傳統的概念	發展的概念
好父親的角色	1.為子女訂定目標。 2.替子女做事，給子女東西。 3.知道什麼對子女是好的。 4.期望子女服從。 5.堅強、永遠是對的。 6.有責任感。	1.重視子女的自主行為。 2.試著瞭解子女和自己。 3.承認自己和子女的個別性。 4.提高子女成熟的行為。 5.樂意為父。
好母親的角色	1.會做家事。 2.滿足子女的生理需要。 3.訓練子女日常生活習慣。 4.德性的教導。 5.管教子女。	1.訓練子女獨立自主。 2.滿足子女的情緒需要。 3.鼓勵子女的社會發展。 4.促進子女的智力發展。 5.提供豐富的環境。 6.照顧個別的發展需要。 7.以瞭解的態度來管教子女。

資料來源：黃迺毓（1989）。

第五節　強制性的親職教育

一、強制性親職教育的定義

　　強制性的親職教育也稱為「高危險群父母」的親職教育，是指某些特徵的父母，因為身心問題或社經地位低落等不利因素，導致無法善盡父母職責，甚至於影響子女的健康與人格發展。因此，希望施以強制性親職教育，幫助父母建立正確的親職知能和管教方式，學習良性的互動與溝通技巧，並能妥善運用社會資源、恢復家庭功能（郭靜晃，2009）。

二、強制性親職教育的對象

依兒童及少年福利法第65條規定，凡對兒童少年有直接或間接侵害與傷害，或疏於管教導致兒童及少年有觸犯犯罪事實者，應接受8小時以上、50小時以下的親職教育輔導。「高危險群」父母也被稱作「非自願性案主」，由於他們施虐或不當對待子女，需要被「強制」來接受專業人員的教育輔導和心理諮商。

高危險群父母常見的特徵，說明如下：（林家興，2007）

（一）父母身心發展不成熟，例如未成年父母。

（二）父母有身心健康的問題，例如藥物濫用、酗酒成癮、控制慾強、患有生理疾病等。

（三）有特殊需求兒童的父母，例如兒童患有智能不足、自閉症、過動症等身心障礙，長期面對管教挫敗和親職壓力。

（四）處境或身分特殊的父母，例如家庭貧窮、單親家庭、隔代教養家庭或新移民家庭等，家庭面臨生存困境，父母面臨教養困難。

三、強制性親職教育的功能

強制性親職教育的功能，說明如下：（郭靜晃，2009）

（一）發揮親職教育的積極性

施以強制性親職教育之目的，並非消極地處罰施虐父母，而是以維護完整家庭為前提，評估家庭個別與整體需求，藉以增進父母的親職能力。

（二）幫助父母降低親職壓力

探究多數父母施虐的原因，可能來自個人、經濟及社會等因素，導致

在教養子女上產生壓力，親職教育可幫助父母意識到修正親子關係，產生想要改變的動機和行為，降低親職壓力與挫折。

（三）提供支持性服務與保護

另一方面，幫助受虐兒童早日回到正常的原生家庭，確保兒童能在完整的家庭中健康成長，並防止虐待或疏忽事件再度發生。

四、強制性親職教育的執行困難

強制性親職教育的執行困難，說明如下：（郭靜晃，2009）

（一）法令強制力不足

部分家庭父母不遵守法令規範，且罰則有限，造成強制力不足、公權力難以伸張。

（二）家庭的多重問題

高危險群父母的家庭問題相當多元，需要更多的支持服務介入，而無法僅依賴親職教育。

（三）角色和分工不明

在親職教育輔導團隊中，社工員扮演個案管理者的角色，介入個案家庭進行危機處理，並追蹤個案發展。諮商師則是協助個案改變家庭系統，並追蹤親職教育成效。然而，兩者的界線經常模糊不清。

（四）其他

包括：父母缺乏時間、缺乏興趣、交通困難及托兒問題、辦理經費不足影響成效。

第六節　特殊境遇父母的親職教育

一、特殊境遇家庭扶助條例

2000年5月公布施行「特殊境遇婦女家庭扶助條例」，旨在加強照顧婦女福利、扶助特殊境遇婦女解決生活困難、給與緊急照顧、協助其自立自強及改善生活環境。家庭扶助內容包含：社政部門之緊急生活扶助、傷病醫療補助、法律訴訟補助、子女生活津貼、兒童托育津貼、教育部門之子女教育補助及職訓部門之創業貸款利息補貼。

2009年1月修正公布「特殊境遇家庭扶助條例」，旨在扶助特殊境遇家庭解決生活困難、給予緊急照顧、協助其自立自強及改善生活環境。本次修法重點之一在於擴大特殊境遇家庭適用範圍，扶助對象擴及單親爸爸及隔代教養家庭，另適度放寬「65歲以下」之年齡限制，大專院校子女教育補助比例提高到60%，以及放寬家庭暴力被害人創業貸款補助資格。主要補助內容包括：緊急生活扶助、子女生活津貼、子女教育補助、傷病醫療補助、兒童托育津貼、法律訴訟補助及創業貸款補助。

二、特殊境遇家庭親職教育的實施

依內政部統計處（2010d）資料顯示，符合特殊境遇家庭扶助條例第1款之「65歲以下且配偶死亡」者占43.3%最多，符合第5款之「因離婚、喪偶、未婚生子獨自扶養18歲以下子女，其無工作能力，或雖有工作能力，因遭遇重大傷病或照顧6歲以下子女致不能工作」者占32.1%次之。

近年來受到社會變遷影響，成長於特殊境遇家庭的兒童與日俱增，這些家庭包括單親家庭、繼親家庭、通勤家庭、隔代教養家庭、新移民家

庭、資優子女家庭、身心障礙子女家庭等。因此，親職教育有助於瞭解子女的人格特徵與行為表現，提供父母正確的管教態度與方式，並強化父母管教方式與子女行為表現的關聯性。

作者的叮嚀

1. 親職教育（parent education）的定義：（1）親職教育是教導父母如何「作父母」的專業知能，是一種對父母的再教育，可作為社會發展的基石；（2）親職教育的對象有二：一是已為人父母者；二是準備為人父母者。

2. 家庭教育的意義，是指一個人自出生至死亡，受到家庭成員互動、成長環境、家庭氛圍及教養方式等因素，而直接或間接影響一個人日後的心智能力、行為習慣、思想觀念、道德態度、情感生活、倫理關係及人格發展等。

3. 親職治療的意義，是指有些父母本身有長期的心理疾病、虐待子女、嚴重親子衝突，必須針對父母施以親職治療，改善其心理困擾及提供特殊的親職技巧，方能徹底改善家庭或親子問題。

4. 親職教育的重要性：（1）強化社會變遷中的家庭教育功能；（2）增進現代父母的教養觀與新方法；（3）促進子女的發展及學習成就。

5. 親職教育的功能：（1）開啓心智能力；（2）培養氣質習性；（3）穩定人格發展；（4）認識自我概念；（5）鍛鍊健康體魄；（6）積極人生觀念；（7）增進親子關係。

6. 社會變遷對親職教育的影響：（1）失業率居高不下，父母無暇顧及家庭生活品質；（2）生育率下降，少子化突顯獨生子女的適應問題；（3）離婚率升高，單親家庭及隔代教養影響親子品

質：（4）職業婦女增加，母職角色衝突而造成家庭功能式微；（5）新移民家庭的增多，另類的子女教養危機亟待重視。

7. 從發展的概念來看，好父親角色應該是：（1）調整性別角色的刻板印象；（2）建立夫妻與子女的情感支持；（3）學習情感表達、同理心與溝通技巧。

8. 從發展的概念來看，好母親角色應該是：（1）注重子女的情緒需求；（2）職業婦女在工作、家庭及子女教養取得平衡；（3）需要不斷成長。

9. 強制性親職教育的定義：（1）又稱「高危險群父母」的親職教育；（2）是指某些特徵的父母，因為身心問題或社經地位低落等不利因素，導致無法善盡父母職責，甚至於影響子女的健康與人格發展。

10. 強制性親職教育的對象：依兒童及少年福利法第65條規定，凡對兒童、少年有直接或間接侵害與傷害，或疏於管教導致兒童及少年有觸犯犯罪事實者，應接受8小時以上、50小時以下的親職教育輔導。

11. 高危險群父母的特徵：（1）父母身心發展不成熟；（2）父母有身心健康的問題；（3）有特殊需求兒童的父母，例如兒童患有智能不足、自閉症、過動症等身心障礙；（4）特殊境遇家庭的父母。

12. 強制性親職教育的積極功能：強制性親職教育並非消極地處罰施虐父母，而是以維護完整家庭為前提，評估家庭個別與整體需求，藉以增進父母的親職能力，也確保兒童能在完整的家庭中健康成長。

13. 強制性親職教育的執行困難：（1）法令強制力不足；（2）家庭問題相當多元；（3）親職角色和分工不明；（4）其他。

14. 2009年1月修正公布「特殊境遇家庭扶助條例」之目的：在於扶
    助特殊境遇家庭解決生活困難、給予緊急照顧、協助其自立自
    強及改善生活環境。

15. 「特殊境遇家庭扶助條例」修法重點：（1）擴大特殊境遇家
    庭適用範圍，擴及單親爸爸及隔代教養家庭；（2）適度放寬65
    歲以下之年齡限制；（3）大專院校子女教育補助比例提高到
    60%；（4）放寬家庭暴力被害人創業貸款補助資格。

自我測驗

1. 請說明親職教育的意義、目的、功能及重要性。
2. 請說明親職教育的實施對象。
3. 請比較親職教育與家庭教育的差異。
4. 請比較親職教育與親職治療的差異。
5. 我國近年來面臨哪些重要的社會變遷？對親職教育產生什麼影響？
6. 角色的意義為何？請詮釋現代家庭中為人父親或母親的角色？
7. 試就家庭功能來闡述父母所扮演的角色。
8. 什麼是強制性親職教育？
9. 請依據兒童及少年福利法，說明強制性親職教育的實施對象及相關規定。
10. 你心目中理想的親子相處方式為何？
11. 高危險群父母有哪些特徵？
12. 請說明強制性親職教育之目的與功能。

13. 2000年5月政府公布施行「特殊境遇婦女家庭扶助條例」，迄2009年1月修正公布「特殊境遇家庭扶助條例」，請比較兩者的差異。

14. 名詞解釋

　　（1）親職教育

　　（2）家庭教育

　　（3）親職治療

　　（4）強制性親職教育

　　（5）角色

　　（6）性別角色

　　（7）性別認同

　　（8）新移民（新住民）子女

　　（9）特殊境遇家庭

　　（10）社會化

歷屆考題精選

1. 試述強制性親職教育的意義，並說明其適用對象與執行方式。【2003年原住民四等特考】

2. 試述為何親職教育的議題在臺灣漸受重視？【2003年公務人員四等特考】

3. 在一般傳統觀念中，父親的角色有哪些標準？如何因應時代的改變？【2003年公務人員四等特考】

4. 試從兒童、父母、學校與社會等四個角度簡述親職教育的重要性。【2004年公務人員普考】

5. 試論現代父親角色有哪些特性與困境。【2004年公務人員普考】

6. 針對僱用外籍女傭家庭的家長，從保育人員觀點而言，請問你的親職教

育重點為何？【2004年公務人員四等特考】

7. 親職教育是「教人如何當好父母，扮演好父親或好母親的角色」，家庭教育是「教人如何當個好家人，扮演在家庭中的好角色」。請根據上述定義，分別說明「親職教育」與「家庭教育」之教育對象及其各適合在哪一教育階段實施。【2005年社工人員四等特考】

Chapter 2

親職教育
的規劃與
實施

本章學習重點

■親職教育的規劃設計
■親職教育的實施方式

第一節　規劃設計

　　親職教育的推廣是當前國家整體教育政策的重要工作之一，政府、教師、家長及社會大眾都有共同責任。具體的課程設計及親職教育計畫的擬定，說明如下。

一、課程規劃與設計

　　親職教育的課程規劃與設計主要有二：（黃德祥，2006）

（一）親職教育課程

1.確定服務對象，包括家長特點與兒童的特殊需要。
2.選用現成的課程或自行撰寫教學活動計畫。
3.籌辦親職教育課程，包括：組成工作小組、選擇活動時間地點、邀請合適的講師、決定收費標準、製發文宣講義、舉辦招生說明等。

（二）父母成長團體

　　父母成長團體是一種小團體方式的親職教育，團體成員以6至10人為原則，在有經驗的團體輔導員之帶領下，增進父母自我認識瞭解，提供親職資訊方法，協助情緒和心理諮商，以及透過團體力量來獲得精神支持和自我成長。

二、親職教育的規劃內容

　　規劃親職教育的實施內容，說明如下：（郭靜晃，2009）

（一）自我探索

幫助父母認識自我，如何扮演好親職教育的角色及功能。內容包含：

1. 自我認識：生理我、心理我、社會我、角色我、家庭我、工作我、道德我、現實我、理想我及行動我。
2. 自我形象：自尊、自信、自我價值。

（二）兒童及青少年發展與保育

1. 兒童身心發展與輔導。
2. 自我認同與性別角色。

（三）家人角色與溝通

1. 父母及子女的角色任務。
2. 父母及子女的溝通技巧。

（四）家庭生活管理

1. 家庭有效管理的技能。
2. 家事簡化的作法。
3. 家庭資源網絡的整合及運用。

三、親職教育計畫的擬定

擬定親職教育計畫，針對原則、程序及內容說明如下：（郭靜晃，2009；黃德祥，2006）

（一）擬定的原則

1. 考量家庭結構（單親、隔代或……）與家長的工作性質（全職、半

職或……）。

2.調查家長人力資源及專門知能。

3.活動主題要兼顧班級教學及家庭需求。

4.計畫擬定要提早規劃且有周詳配套。

5.提供家長參與及充分理解。

6.家長參與氣氛要融洽，少說教多協商。

7.計畫目標不宜太廣泛。

8.計畫實施後要追蹤效果。

（二）擬定的程序及內容

1.需求評估

包含社會變遷、家庭結構改變、家庭問題增多、親子關係欠佳、家長缺失教養技巧等。

2.訂定目標

（1）瞭解兒童的身心發展。

（2）建立正確的教養觀念。

（3）討論教養子女的問題。

（4）認識兒童的特殊行為。

（5）獲得婚姻及家庭知能。

（6）增進對學校的信任感。

（7）促進兒童生活適應力。

（8）增進親子良好的關係。

（9）營造師生良好的關係。

（10）增進兒童的人際關係。

3.實施方式

（1）口頭聯絡，如電話交談、定期或不定期面晤。

（2）親師座談會。

（3）家長教學參觀日。

（4）家庭訪問。

（5）出版親師交流刊物。

（6）親子活動。

（7）親職教育演講或座談會。

（8）家長參與活動，如愛心工作隊等。

（9）聯絡簿。

（10）其他。

4.成效評估

實施滿意度調查或方案成果評估。

第二節　實施方式

一、多元化的實施類型

親職教育的實施方式，依實施對象人數、互動型態及內容專業性，可區分為四個類型，說明如下：（林家興，2007）

（一）個案方式：含個別輔導、個別諮商、個案管理。

（二）團體方式：含單次舉行的團體方式、系列式的團體方式、持續式的團體方式。

（三）家訪方式：含家訪諮商、家庭輔導、家訪個案管理。

（四）其他方式：以大眾媒體實施親職教育、透過學校的輔導工作推廣親職教育、以電話諮詢方式實施親職教育。

二、具體的實施方式

推展親職教育常見的實施方式如下：（邱書璇等人，1998；林家興，2007；黃德祥，2006）

（一）面對面晤談

教師與家長在平日面對面討論子女學習狀況，有助於彼此的熟悉度及建立信任感。

（二）電話聯絡

教師可使用電話與家長交談，提供子女在校學習情形並表達關心。

（三）聯絡簿

教師透過聯絡簿傳達訊息給家長，較偏於單向溝通，但可從中獲知家長反應。

（四）公布欄

公布欄是提供家長訊息的一種方式，最好置於家長可清楚看見的地方。

（五）出版親師簡訊

定期傳送刊物簡訊給所有家長，內容包括：教養子女的觀念、報導班級重要活動及成果、與家長溝通意見、反映子女心聲及推廣親職教育活動等。

（六）舉辦講座、座談會

聘請專家學者針對兒童及青少年發展、管教子女問題等，辦理專題演

講、分組座談、問題討論及經驗分享等。

（七）家庭訪問

教師親自到兒童家中進行實地訪查，透過親師面對面接觸，可以實際瞭解兒童的家庭環境及親子互動情形，增加親師信任感。

（八）家庭諮商

學校輔導室成立家庭諮商中心，針對有特殊家庭問題或子女問題的家長進行團體諮商；若問題過於嚴重而需要進行家族治療，則轉介至心理或精神科醫師。

（九）親師座談會

教師與家長召開面對面會談，採定期或不定期、個別或團體、正式或不正式等方式進行。

（十）教學參觀

選擇一日邀請家長到校參觀師生上課情形，讓家長瞭解子女在校學習情形。

（十一）愛心工作隊

組織愛心媽媽或愛心爸爸團體，支援學校各項事務性工作，例如交通導護、會場布置等。

（十二）家長會

選出各班家長代表，然後組織家長會，協助學校籌募經費、辦理活動或參與校務決策。

（十三）其他

包含設立輔導諮詢專線服務、成立家長社區服務隊、父母成長團體、親子共遊及教學協助團隊等。

三、親職教育的推廣策略

親職教育的推廣需要學校、家庭及社區三方面密切配合，推廣策略說明如下：（陳玥，2004；黃德祥，2006）

（一）以學校為中心的親職教育方案

學校是親職教育的推廣中心，提供以下服務活動：父母工作坊、資源圖書館、圖書借閱、玩具借用、家庭資源圖書館、父母支持團體、課後輔導方案、休閒中心、父母教育及學前教育、嬰幼兒方案、兒童關懷中心、家庭學習活動、父母參與班級教學、家庭電話聯繫等。

（二）「人」的推廣方面

1.運用各種集會，邀請親職教育學者專家進行專題演講。
2.政府或社教機構舉辦親職教育研習或親職教育問題座談會。
3.國民中小學、兒童之家、幼稚園教師與托兒所保育人員可多利用家庭訪問機會，進行宣導並提供解決教養子女之道。

（三）「物」的推廣方面

可運用網際網路、錄製親職教育影集或拍攝影片、有線或無線廣播電視、寄發刊物或通訊資料，藉以提供父母有關親職教育的資訊及知識。

作者的叮嚀

1.學校辦理親職教育的大致程序：（1）組成工作小組；（2）選擇活動時間地點；（3）邀請合適的講師；（4）決定收費標準；（5）製發文宣講義；（6）舉辦招生說明等。

2.父母成長團體的意義：（1）是一種小團體方式的親職教育；（2）團體成員以6至10人為原則；（3）在有經驗的團體輔導員帶領下，透過團體力量來促使父母獲得精神支持和自我成長。

3.親職教育的內容：（1）自我探索；（2）兒童及青少年發展與保育；（3）家人角色與溝通；（4）家庭生活管理；（5）其他。

4.擬定親職教育計畫的原則：（1）考量家庭結構與家長工作性質；（2）調查家長人力資源及專門知能；（3）活動主題兼顧班級教學及家庭需求；（4）計畫提早規劃且有周詳配套；（5）提供家長參與及充分理解；（6）氣氛融洽及少說教多協商；（7）計畫目標不宜太廣泛；（8）計畫實施後要追蹤效果。

5.擬定親職教育計畫前的需求評估內容：（1）社會變遷；（2）家庭結構改變；（3）家庭問題；（4）親子關係；（5）家長教養技巧。

6.擬定親職教育之目標：（1）瞭解兒童的身心發展；（2）建立正確的教養觀念；（3）討論教養子女的問題；（4）認識兒童的特殊行為；（5）獲得婚姻及家庭知能；（6）增進對學校的信任感；（7）促進兒童生活適應力；（8）增進親子良好的關係；（9）營造師生良好的關係；（10）增進兒童的人際關係。

7.親職教育常見的實施方式：（1）口頭聯絡；（2）親師座談會；（3）家長教學參觀日；（4）家庭訪問；（5）出版親師交流刊物；（6）親子活動；（7）親職教育演講或座談會；（8）家長參與活動；（9）聯絡簿；（10）其他。

8.親職教育的實施類型：（1）個案方式；（2）團體方式；（3）家訪方式；（4）其他方式，如大眾媒體、學校輔導工作及電話諮詢等。

9.家庭訪問的意義：教師到兒童家中進行實地訪查，透過親師面對面接觸，可以實際瞭解兒童的家庭環境及親子互動情形，增加親師信任感。

10.家庭諮商的意義：學校輔導室成立家庭諮商中心，針對有特殊家庭問題或子女問題的家長進行團體諮商；若問題過於嚴重而需要進行家族治療，則轉介至心理或精神科醫師。

11.親職教育的推廣策略：（1）邀請親職教育學者專家進行專題演講；（2）政府或社教機構舉辦親職教育研習或親職教育問題座談會；（3）國民中小學、兒童之家、幼稚園教師與托兒所保育人員，利用家庭訪問進行宣導；（4）運用網際網路、錄製影集或拍攝影片、有線或無線廣播電視、寄發刊物或通訊資料，提供父母親職教育資訊。

自我測驗

1. 學校推動親職教育的具體途徑為何？
2. 請從家庭、學校、社會及政府四個方面，說明推展親職教育的策略。
3. 請說明學校辦理親職教育的程序。
4. 何謂「父母成長團體」？
5. 請列舉說明親職教育的內容。

6. 擬定一份親職教育計畫,應遵循哪些原則?

7. 擬定一份親職教育計畫之前,應作哪些需求評估?

8. 擬定一份親職教育計畫,計畫目標應包含哪些?

9. 請說明親職教育的實施類型有哪些,並請舉例說明。

10. 親職教育常見的實施方式為何?

11. 教師應如何運用聯絡簿,才不致與家長流於單向溝通。

12. 實施親職教育可運用文字通訊,請說明包括哪些方法?

13. 請規劃一份親職座談計畫書。

14. 實施家庭訪問需注意哪些事項?有哪些優缺點?訪問結束的後續工作為何?

15. 實施家庭諮商的步驟為何?

16. 家長參與教學有哪些優點?家長可提供哪些方面的資源?

17. 名詞解釋

    (1)家庭訪問

    (2)家庭諮商

    (3)父母成長團體

    (4)以學校為中心的親職教育方案

歷屆考題精選

1. 家庭治療模式有五個重要觀念,試述其對親職教育有何重要意義。
【2003年公務人員四等特考】

2. 國內中小學辦理之親職教育活動有哪些類型或方式?並分析其優缺點。
【2004年公務人員普考】

3. 今年學校要推動親子共讀,試問可以透過哪些親職教育實施方式進行?
請就動態和靜態親職教育實施方式,至少各舉二例說明之。【2010年原住民四等特考】

Chapter 3

親職教育的理論基礎

本章學習重點

- ■心理動力理論
- ■行為學習理論
- ■個體心理理論
- ■溝通分析理論
- ■個人中心理論
- ■現實治療理論
- ■家庭系統理論
- ■家庭壓力理論

第一節 心理動力理論

　　心理學研究重視個體學習、心智歷程及心理能力的發展，關注學習與行為反應，以及一切感覺、知覺、意識、運動、情感、情緒及思考等作用。心理功能一旦失常，將會影響個體的學習和生活適應。因此，親職教育一方面關注個體的生理照顧和營養健康，也一方面教導父母注重子女的心理和人格發展。

　　心理動力學派主要有心理分析理論與心理社會發展理論，前者較偏重兒童早期經驗對成人行為及人格的影響，後者較偏重個人一生中各階段的發展與成長。

一、心理分析理論

　　佛洛伊德（Sigmund Freud）創立性心理發展理論，成為後來的精神分析理論之中心思想。其重要主張說明如下：（林家興，2007；張欣戊、林淑玲、李明芝譯，2010；黃德祥，2006）

（一）人格結構的三種成分

　　1.本我（id）：唯樂原則。
　　2.自我（ego）：現實原則。
　　3.超我（superego）：道德原則。

（二）兩項假定

　　1.人有兩種基本的心理動機：性慾（libido，或稱性衝動）和攻擊。
　　2.不為意識所接受的心理活動，會被壓抑在潛意識的精神領域。

（三）教育主張

1.早年生活經驗會影響日後的人格發展和生活適應。

2.人心是各種生物力量與本能互動的結果。

3.早年母子關係是影響子女人格發展與心理健康的關鍵。

4.兒童的成熟須經過「分離—個別化」的歷程。

（四）佛洛伊德的五個人格發展階段說

佛洛伊德提出五個人格發展階段，內容說明如下：（見表4）

1.口腔期（oral stage）

0至1歲，嬰兒活動以口腔為主，嬰兒從吸乳及吮指獲得滿足。嬰兒的口腔活動如獲得滿足，長大後的性格會比較開放、樂觀及慷慨；若受到過多限制，可能會產生悲觀、依賴、被動、退縮、猜忌及仇視他人等性格。

2.肛門期（anal stage）

1至3歲，幼兒由肛門糞便的排泄及積留獲得快感。此時父母開始對幼兒實施大小便習慣的訓練，幼兒必須學習控制自己，而犧牲部分的快樂和滿足。如果大人的訓練過於嚴格，幼兒可能會發展出冷酷、無情、頑固及吝嗇等性格；如果幼兒訓練成功得到誇獎，可能變成富有創造性及工作效率的性格。

表4 佛洛伊德的人格發展階段重點

年齡	名稱	重點
0～1歲	口腔期	口腔滿足
1～3歲	肛門期	自我控制
3～6歲	性器期	性別認同
6～11歲	潛伏期	同性遊伴
12歲以上	兩性期	異性相吸

資料來源：本書自行整理。

3.性器期（phallic stage）

3至6歲，兒童經常喜歡以手撫摸自己的性器官來引起快感。此時男孩會愛戀母親，女孩會愛戀父親，同性親子關係會因為爭寵而變得緊張或敵對。佛洛伊德將此時期的戀親現象，稱為「伊底帕斯情結[1]」（Oedipus complex，又稱戀母情結）。兒童為了害怕同性父母的報復，會轉而認同同性的父母，學習他們的價值觀與人格特質，並發展其適當的性別角色。反之，女童愛戀父親則稱為戀父情結。

4.潛伏期（latency stage）

6至11歲，兒童會開始壓抑在性器期所產生的焦慮及性衝動，並將注意力轉向學業及玩樂。隨著兒童在學校習得更多問題解決的能力並內化社會的價值，自我與超我獲得進一步發展。此時，男女兒童在遊戲或團體活動中，大多喜歡與同性者玩在一起。

5.兩性期（genital stage）

12歲以後進入青春期，由於生理上的變化，使個體產生與異性接觸的強烈慾望，於是年齡相仿的男女開始互相吸引，喜歡參加兩性互動的活動，而且在心理上逐漸發展成熟。

二、心理社會發展理論

艾瑞克森（Eric Erikson）重視個體的心理社會發展歷程，他主張個人在一生的發展乃透過與社會環境互動而形成，因此他將人生從出生到終老區分為八個發展階段，在每個發展階段都會因為個人身心發展與社會

註1 伊底帕斯情結（戀母情結）來自希臘神話王子Oedipus的故事，相傳他違反意願，無意中弒父並娶了自己的母親。厄勒克特拉情結（Electra Complex，又稱戀父情結）來自希臘神話中Electra的故事，相傳因母親與其情人謀害了她的父親，故最終與其兄弟殺死了自己的母親。後來大多引用伊底帕斯情結來描述戀母和戀父兩種心理。

文化的要求不同，而遭遇到一些心理社會危機；但危機也是轉機，進而
幫助個人發展出更好的適應能力及成長，並順利進入下一個階段（見表
5和表6）。最值得關注的是，在青春期以前的人格發展與父母的管教、
教養及關愛程度有密切關聯（張春興，2008；郭靜晃，2009；黃德祥，
2006）。

表5　艾瑞克森的人格發展階段重點

年齡	心理社會危機	重大事件及社會影響
0～1歲	信任vs.不信任	1.嬰兒必須學會信任照顧者來滿足需求。 2.主要照顧者是推動發展的社會動力。
1～3歲	自主vs.羞怯	1.幼兒必須學會自主，能自己穿衣、吃飯、自理大小便等，否則會產生羞愧和懷疑自己。 2.父母是推動發展的社會動力。
3～6歲	自動vs.退縮	1.兒童開始學大人的意見，但有時想做的事會跟父母或家人產生衝突，衍生罪惡感。 2.需要在自發性與他人利益之間取得平衡。
6～12歲	勤奮vs.自卑	1.兒童必須學習課業及社會技巧，會跟其他同伴比較。 2.兒童因為勤奮而獲得學業及社會技巧，會變得有自信；反之，會產生自卑。 3.老師和同儕是推動發展的社會動力。
12～20歲 （青少年）	自我統合vs.角色混亂	1.此階段是兒童與成人的過渡期，青少年常問「我是怎麼樣的人？」必須建立自我統合，否則會產生角色混亂。 2.同儕團體是推動發展的社會動力。
20～24歲 （年輕人）	友愛vs.孤僻	1.此階段目標為建立友情和愛情，如果失敗就會產生孤立狀態。 2.配偶、異性與同性的親密朋友是推動發展的社會動力。
40～65歲 （中年人）	精力vs.頹廢	1.此階段個人的事業與工作達到高峰，並要負起養育下一代的責任。個人若無法達到目標就會變成生命停滯、自我中心。 2.配偶、孩子及文化規範是推動發展的社會動力。
65歲以上 （老年）	完美無缺vs.悲觀失望	1.老年人回顧一生會覺得活得快樂、有意義，或覺得浪費一生。 2.個人一生的經驗，尤其是社會經驗，決定了一生最後的結果。

資料來源：修訂自張欣戊、林淑玲、李明芝譯（2010）。

表6　佛洛伊德與艾瑞克森的人格發展階段比較

比較	佛洛伊德	艾瑞克森
研究對象	異常人	正常人
人格發展階段	五階段： 1.口腔期 2.肛門期 3.性器期 4.潛伏期 5.兩性期	八階段： 1.信任與不信任期 2.自主與羞怯期 3.自動與退縮期 4.進取與自卑期 5.自我統合與角色混亂期 6.友愛與孤僻期 7.精力與頹廢期 8.完美無缺與悲觀失望期
人格發展動力	性慾衝動	自我的成長與社會的要求
教育涵義	需重視兒童早年的感情經驗，及早疏導性慾的衝動。	需幫助兒童自我成長並能將所遇到的心理社會危機變成轉機，以適應社會變遷。

資料來源：本書自行整理。

三、心理動力理論在親職教育上的應用

心理動力理論在親職教育上的應用，說明如下：（王鍾和，2009）

（一）心理動力論是解釋親子關係與兒童發展的基礎

心理動力理論對於瞭解兒童人格發展的內心世界和內在需求，幫助兒童解決人格發展上的衝突，提供了重要的理論基礎。

（二）父母是影響子女成長的關鍵人物

要幫助子女從兒童期的發展，過渡到成為一個身心健全的人，父母對子女的自我概念、人際關係、心理健康、人格發展有著非常關鍵的影響。

第二節　行爲學習理論

　　行為學習學派者認為人的行為是制約或條件化的結果，所有行為都是學習而來的，因此，行為學派相當注重行為學習歷程的分析。主要有古典制約理論、操作制約理論及社會學習理論，說明如下：（張春興，2008；郭靜晃，2009）

一、古典制約理論

（一）核心觀點

　　古典制約認為個人行為是「刺激—反應」的聯結。

（二）代表人物及其主張

1.巴夫洛夫（Ivan Pavlov）

　　他在1900年左右研究狗的消化腺分泌變化，發現消化腺分泌量的變化，與外在刺激的性質及刺激出現的時間有密切關係。

2.實驗設計及主張

　　他以引起狗唾液分泌的食物為例，如果讓一隻飢餓的狗吃到食物，或放置食物在狗的面前時，狗的唾液就會增加分泌。但是在實驗中發現，如果有其他原來與唾液分泌毫無關係的中性刺激（例如盛食物的器皿或送食物者的腳步聲）與食物同時或稍前出現多次，以後單獨出現時，也會引起狗的唾液分泌。後來，巴夫洛夫進一步採用食物之外可以操縱的刺激物，如鈴聲與燈光等，嚴密控制出現的時間條件，並仔細記綠狗唾液分泌量的變化，最後建立條件制約理論，後人稱為古典制約理論。

3.重要變項

他在實驗設計中指出，古典制約之形成乃因以下幾個變項（variable）或因素（見表7）：

(1) 無條件刺激（unconditioned stimulus，簡稱UCS或US），是指本來就能引起個體某固定反應的刺激，例如引起唾液分泌的食物。

(2) 無條件反應（unconditioned response，簡稱UCR或UR），是指由無條件刺激原本即可引起的固定反應，例如由食物所引起的唾液分泌。

(3) 條件刺激（conditioned stimulus，簡稱CS），是指原來的中性刺激，例如與食物同時或稍前出現的鈴聲。

(4) 條件反應（conditioned response，簡稱CR），是指條件制約形成後由條件刺激所引起的反應，例如由鈴聲所引起的唾液分泌。

表7 古典制約各變項關係

條件作用前	1	無條件刺激（UCS）（食物） ⟶ 無條件反應（UCR）（唾液分泌）
	2	條件刺激（CS）（鈴聲） ⟶ 引起注意但無唾液反應
條件作用中（多次重複）	3	條件刺激（CS）（鈴聲） ＼ 無條件刺激（UCS）（食物） ⟶ 無條件反應（UCR）（唾液分泌）
條件作用後	4	條件刺激（CS）（鈴聲） ⟶ 條件反應（CR）（唾液分泌）

資料來源：整理自張春興（2008）。

二、操作制約理論

（一）核心觀點

操作制約強調學習中重複的作用及行為的結果。

（二）代表人物及其主張

1.桑代克（Thorndike）
實驗觀察貓逃出迷籠的行為，發現貓是利用嘗試錯誤的學習過程，使得盲目的行為越來越減少，並獲得解決問題的方法。

2.史京納（Skinner）
學習乃是直接觀察兒童在環境改變的因素下所產生的行為改變。他認為兒童大部分的行為都是透過操作制約學習歷程所建立的。換言之，行為的建立端賴於行為的後果是增強或懲罰而決定，此乃環境中的刺激因素。而增強常被用來建立或塑造兒童具有好的行為，懲罰則被用來消除不好的行為。

（三）四項行為改變策略

1.正增強（positive reinforcement）
在學習過程中，為提高預期行為的出現，所呈現個體喜愛的刺激物。例如：學生回答正確，教師用口頭誇獎作為增強；學生的考試分數高於某一標準，教師給予集點卡。

2.負增強（negative reinforcement）
在學習過程中，被誘發預期行為的出現，所撤走或取消嫌惡的刺激物。例如：被罰站的學生只要不再與隔壁同學交頭接耳，教師就准許回座坐下；學生上課如果專心聽講，就減少回家作業份量。

3.懲罰（punishment）

在學習過程中，為減少非預期行為的發生，所呈現讓個體會感到嫌惡或不愉快的刺激物。例如學生不按時繳交作業，教師就施以責罵或打手心。

4.隔離（time out）

當學生表現出某種「不受歡迎的行為」時，教師立即終止學生行為，或取消（剝奪）學生所嗜好的正增強物來消弱不當的行為，例如：聽音樂、遊戲、競賽、繪畫或吃點心等。

上列四項行為改變策略茲整理如下表8。另外，隔離與處罰經常不易分辨，相同點都是設法減少「不受歡迎行為」的發生，只是「隔離」是以取消正增強為手段，而「懲罰」是以施予負增強為手段。

表8　四項行為改變策略之比較

種類 策略	增強物	
	正增強物	負增強物
給予	獎賞或正增強	懲罰
拿掉	隔離	負增強

資料來源：本書自行整理。

三、社會學習理論

（一）核心觀點

社會學習理論認為學習是經由觀察和模仿他人（或楷模）的行為而得，尤其是在兒童階段，透過觀察和模仿可以間接習得許多知識，也促進個人解決心理社會危機。

（二）代表人物及其主張

班杜拉（Bandura）是社會學習論的創始人，他提出以下重點：

1. 「刺激－反應」聯結不是構成學習的必要條件，只是個體對環境認知的一種訊息。

2. 個體以旁觀者的身分，觀察他人的行為表現就可獲得學習；又稱模仿學習或觀察學習。

3. 模仿學習的四種方式

（1）直接模仿：是一種最簡單的模仿學習方式。

（2）綜合模仿：綜合多次所見，而形成自己的行為。

（3）象徵模仿：學習者模仿楷模人物的性格或行為背後代表的意義，而不是直接模仿其具體行為。

（4）抽象模仿：學習者觀察學到的是抽象原則，而非具體行為。

4. 模仿學習不是單純的機械式「刺激－反應」

（1）名義刺激：刺激所顯示的外觀特徵是客觀的、可以測量的，對情境中每個人來說，都是一樣的。

（2）功能刺激：刺激足以引起個體產生內在的認知與解釋，對情境中每個人來說，未必都相同。

5. 兒童最常模仿的楷模對象

（1）兒童心目中最重要的人，尤其是在生活上的影響。

（2）兒童喜歡模仿相同性別的人，在家庭中，女兒模仿母親，兒子模仿父親，藉以發展出性別認同。

（3）兒童喜歡模仿曾獲得榮譽、出身高社經地位兒童的行為。

（4）兒童相同年齡、相同社經地位者，彼此也會喜歡互相模仿。

（三）觀察學習的四個階段

1.注意階段

個體會注意楷模表現行為的特徵，並瞭解行為所蘊含的意義。

表9　行為學習學派的比較

古典制約理論		操作制約理論
同	1.均受到某些條件所制約 2.學習均是刺激－反應間聯結的關係	
異	反應是被動的（如分泌唾液的狗）	反應是主動發生的（如迷籠的貓）
	1.巴夫洛夫：狗的實驗 　非制約刺激 ──────▶ 非制約反應 　（食物）刺激替代　　　（流口水） 　制約刺激 ──────▶ 制約反應 　（鈴聲）　　　　　　　（流口水） ⋯⋯⋯⋯⋯⋯⋯⋯⋯⋯⋯⋯⋯⋯⋯ 2.華森（Watson）：主張「教育萬能說」。 ⋯⋯⋯⋯⋯⋯⋯⋯⋯⋯⋯⋯⋯⋯⋯ 3.班杜拉：社會學習理論，又稱「修正的行 　為主義理論」、「觀察模仿理論」 （1）三元學習 　　學習＝環境因素＋個人行為＋個人對 　　環境的認知，學習不是只有刺激反應 　　或因為增強物的出現，還包括個人對 　　環境或刺激的主動認知，個人會知道 　　做什麼事會帶來什麼結果。 （2）觀察模仿學習 　　例如觀看成龍的電影（如警察故事）， 　　學到什麼行為表現稱為英雄。 （3）教學上的應用 　　①見賢思齊，以身作則。 　　②自我觀察和自我反省。 　　③自訂標準和自我獎勵。		1.桑代克：貓的實驗 （1）試誤說：學習就是一連串的嘗試錯 　　誤。 （2）效果率、練習率、準備率。 （3）學習遷移說：當前後兩次刺激情境有 　　共同元素時，在前次學到的刺激反應 　　聯結會幫助類化到其後的其他情境 　　中。 ⋯⋯⋯⋯⋯⋯⋯⋯⋯⋯⋯⋯⋯⋯⋯ 2.史京納 （1）環境決定說：學習都是因為受到外在 　　環境所影響而造成行為的改變。 （2）增強作用 　　①正增強：鼓勵學生某種良好表現。 　　②負增強：消弱某種不當行為，並學 　　　會良好行為以取代不當行為。 　　③後效強化：例如讓學生因努力而成 　　　功而更努力。 　　④立即強化vs.延宕強化。 （3）親職教育上的應用 　　①行為塑造 　　②「懲罰」的應用 　　　（a）應共同訂定懲罰標準。 　　　（b）懲罰不可用於要求學業成績。 　　　（c）懲罰應考量兒童心理需求的個 　　　　　別差異。 　　　（d）多使用剝奪式懲罰（沒做完功 　　　　　課不准看電視），少用施予式 　　　　　懲罰（打罵）。

資料來源：本書自行整理。

2.保持階段

個體觀察到楷模某項行為後，會將觀察所見轉化為表徵性的心像（記下行為的特徵）或表徵性的語言符號（能用語言描述楷模的行為）。

3.再生階段

個體對楷模行為觀察後，納入記憶，然後再以自己的行動表現出來。

4.動機階段

個體不僅經由觀察模仿，從楷模學到行為，而且也願意在適當時機將學得的行為表現出來。

四、行為學習理論在親職教育上的應用

行為學習理論在親職教育上的應用，說明如下：（王鍾和，2009）

（一）教導父母運用行為改變技術來管教子女

兒童的行為問題乃是因為行為表現過量或不足，父母在管教子女上，應針對子女可觀察、可測量的行為及環境因素，善用增強、消弱、行為塑造及代幣制等行為改變技術。

（二）實施團體教導式的親職教育課程

運用團體及教導式的訓練方式，教導父母熟練及運用行為改變技術，包括如何觀察和記錄子女行為、代幣增強、隔離及消弱的使用技巧。

第三節　個體心理理論

個體心理學派主要源自於阿德勒（Alfred Adler）的個體心理學（individual psychology）。他主張社會是個人行為的因素來源，也

是第一位將家庭諮商運用到社區教育的人，他在1919年創立兒童輔導中心後，發展出阿德勒親職教育研習團體。他的學生崔克斯（Rudolf Dreikurs）將阿德勒的學說發揚光大。茲針對代表人物及其主張說明如下：（王鍾和，2009；陳淑芬，2006；鍾思嘉，2004）

一、代表人物及其主張

（一）阿德勒（Alfred Adler）

1.社會興趣

人類是社會的動物，因此有追求歸屬感、希望被接納的需求，也對周遭環境感到興趣，願意成為社會整體的一部分，致力於追求人類最大的幸福。

2.社會決定

阿德勒提出人格的「社會決定論」而非「性決定論」，因為人格的重心是意識，而不是潛意識。他強調人是自我決定的個體，是命運的主宰者，所有行為都有其目的，因此分析一個人應從背後的動機開始探討，要教導孩子做出正確的抉擇，並看到有價值的一面。

3.自卑與超越

阿德勒認為每個人從小就有自卑感，但自卑感是一種正常現象，由於個人會不斷地試圖去克服自卑感，於是可以產生激勵、超越和創造力。

4.家庭星座與生活方式

阿德勒相信家庭是塑造人格最重要的場所，父母與子女在家庭中的關係如同一個星座，父母如日月，子女如星辰，父母的教養方式、兄弟姐妹的相處經驗及家人間的人際關係，構成一個獨特的家庭環境氣氛，也影響到個人的生活方式及人格發展。例如長子（女）的人格特質比較會關懷他人，但也容易有依賴、權威、保守及悲觀的個性；次子（女）傾向對未來

有希望、具競爭性及社會行為；中間子女較會發展出自憐自悲的個性、人際關係不佳；么子（女）常想有所突破、標新立異；獨子（女）可能會過度自我中心、依賴、固執、焦慮及尋求注意。

（二）崔克斯（Rudolf Dreikurs）

1.兒童行為之目的與意義

崔克斯主張「人是社會的動物」，認為兒童行為之目的，可分為長程、中程與短程三方面，行為的長程目標是一種生活型態，例如求好心切、想掌控一切等；中程目標是追求生理及心理的舒適感，想要讓生活具有意義；短程目標則可分成四個層次，分別是：

(1) 吸引注意力：兒童希望有歸屬感、受人重視，於是會做出一些引人注意的行為，例如爭取成就、乖巧可愛、騷擾他人及表現懶散等。

(2) 爭取權利：若前項行為達不成目的，便會出現反叛、固執及爭論等行為，希望藉以擁有自我價值感。

(3) 報復：若前兩種方式都無法達成目的，就會出現抗拒或傷害他人的行為，用來證明自己的價值。

(4) 自暴自棄：若前三種方式都失敗，就會表現出退縮、沮喪、無助或放棄自己該負的責任等行為。

2.親子互動要建立平等關係

任何行為都不是單一事件，而是發生在人際互動關係中。當子女的表現符合父母的期望，並得到積極的回應時，就會更加增強彼此間的互動；但如果子女抗拒父母的控制，即使認同父母的期望，也只會表現出消極的互動。因此，父母責備、教訓或忽視子女的行為，並無法使子女變好，只有採取預防和補救的方式才會有效。

二、個體心理理論在親職教育上的應用

（一）重視民主的親子關係

　　強調友善和仁慈的尊重態度，父母應瞭解子女行為的內在動機與目的，並採取有效的管教方法來幫助子女解決問題行為，據此發展出來的親職教育課程有：親職教育讀書會（study groups）及「父母效能系統訓練」（systematic training for effective parenting）（林家興，2007）。

（二）學會辨識兒童行為之目的與意義

　　父母可以運用「觀察」和「自覺」來辨識兒童的行為目的，父母對兒童做出問題行為予以立即反應，並試圖去瞭解兒童行為背後的動機。父母與孩子溝通時宜用平等的態度對話，不責備、不批評，採用假設性的試探方式及選擇適當的時機切入處理。最後，父母要幫助子女建立自尊、自信心、自我效能、責任感、合作的態度及培養社會興趣，如此方能促進親子關係的正向發展與成長，使自己成為有效能的父母（王鍾和，2009）。

第四節　溝通分析理論

　　溝通分析（transactional analysis）學派興起於1960年代，主要是探討人際互動對個體人格形成及生活方式的影響，主要的代表人物是柏尼與哈利斯（Eric Berne & T. A. Harris）。

一、核心觀點

1.撫慰與心理地位

柏尼認為「撫慰」（stroke）是生理和心理的刺激，是個體生存所必需。個體幼年在與他人互動的過程中，透過撫慰來形成自己與他人的關係，此稱為「心理地位」，可分成以下四種（王鍾和，2009）：

（1）我好—你也好（I'm OK, you're OK）：能以正向觀點來評價自己和他人，肯定自己也相信他人，能以積極的態度面對生活中的問題。

（2）我好—你不好（I'm OK, you're not OK）：以否定他人來肯定自己，不信任他人；認為凡事都是他人的錯誤，自己不必負責任。

（3）我不好—你好（I'm not OK, you're OK）：總覺得自己事事不如人，遇到挫折就時常自責，對自己缺乏價值感和信心。

（4）我不好—你不好（I'm not OK, you're not OK）：不相信別人，也不相信自己，處於極端的失望和無助。

2.自我狀態

柏尼認為人格是由兒童、成人和父母三種「自我狀態」（ego state）所組成，它是一種思想與感覺一致性的內在系統，無法直接觀察到，而是透過相對應的行為模式表現於外，例如言語、動作和表情等。自我狀態可分為以下三個部分，說明如下：（王鍾和，2009；邱書璇等人，1998；邱德才，2000；陳玥，2004）

（1）父母自我狀態（Parent ego state, P）

①是指兒童觀察父母的言行，例如教誨、訓誡、表情、聲調及動作等，然後記錄在腦海中，對日後的人生產生影響作用；簡言之，是一種外在事件的記錄，是一種來自父母的「教導概念」（taught concept）。

②個人的行為、思考、態度和價值觀都與成長環境中父母的自
　我狀態有關，主要有控制的父母與撫育的父母兩類。

（2）成人自我狀態（Adult ego state, A）

①是指兒童會探索和試驗環境事物，然後自己能靠著理解及思
　考行事，並逐漸發展出完整且一致的感覺；簡言之，是一種
　「思考概念」（thought concept）。

②個人能運用理性和邏輯的思考方式，也能有組織的蒐集資料
　及分析討論，它是個人內在需求與外在世界間的橋樑。

（3）兒童自我狀態（Child ego state, C）

①是指兒童對所見所聞的反應，這些反應多半是感覺，包括正
　向反應（如好奇心、求知慾）及負向反應（如受挫折、被拒
　絕）；簡言之，是一種「感覺概念」（felt concept）。

②是指個人從小習得的一切自然反應，包含生理需求和情緒
　反應等。可分成自由型的兒童（free child）與適應型的兒童
　（adapting child），前者具有自動自發、創造性的特質，後
　者表現出親切、微笑及服從，能適應環境的需求。

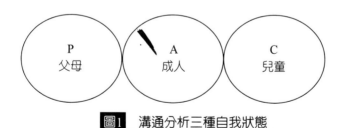

圖1　溝通分析三種自我狀態

資料來源：陳玥（2004）。

3.三種溝通方式

　　發生在兩人間的任何事情都牽涉到自我狀態的表現。當一個人對另
一個人表現一個行為時，也期待對方有所反應。常見的溝通方式有以下三
種：

（1）互補式溝通（complementary transaction）

　　兩人在溝通中，各自的自我狀態形成互補關係，雙方的溝通和回應是平行的、暢通無礙的。

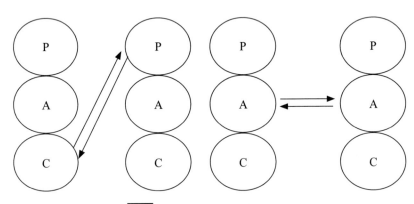

圖2　互補式溝通示意圖

資料來源：黃德祥（2006）。

（2）交叉式溝通（crossed transaction）

　　兩人在溝通中，各自的自我狀態形成交叉關係，雙方的溝通會有中斷和不愉快狀態，雙方回應是自己所不期許或預期的。

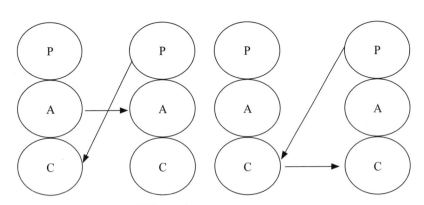

圖3　交叉式溝通示意圖

資料來源：黃德祥（2006）。

（3）曖昧式溝通（ulterior transaction）

　　兩人在溝通中，表達出來的訊息一種是公開的、社交的，另一種則是隱藏的、心理的。這種溝通方式通常將自己的期許隱藏在話裡，想表現卻又不做明確表達，即「話中有話」。

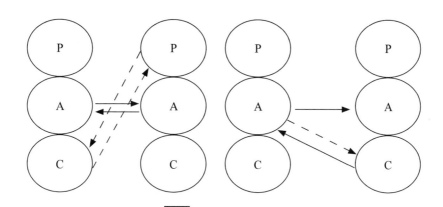

圖4　曖昧式溝通示意圖

資料來源：黃德祥（2006）。

　　綜上可知，人際溝通有三項規則，說明如下：（邱德才，2000）

（一）兩人的溝通維持在互補狀態，溝通就能持續下去。

（二）兩人的溝通交錯時，溝通就會暫時停止。

（三）兩人溝通的結果乃由心理層次的內容決定，而非依賴口頭的社交層次訊息。

二、溝通分析理論在親職教育上的應用

（一）兩項教育目標

　　溝通分析理論應用於親職教育上，有兩項教育目標，說明如下：（王鍾和，2009）

1.運用溝通分析去幫助父母覺察與自知，促使父母成為「你好—我也好」的人。

2.幫助父母運用溝通分析去協助子女，成為「你好—我也好」的人。

（二）兩個課程取向

溝通分析理論應用於規劃親職課程，有兩個課程取向，說明如下：（王鍾和，2009）

1.傳統取向

（1）課程規劃焦點在於父母的自覺。

（2）幫助父母瞭解兒童的人格結構，使父母能彈性的解釋自我狀態，善用溝通方式，以及教養子女可以尋求獨立、脫離依附。

2.發展取向

（1）課程規劃焦點在於改善親子互動關係。

（2）幫助父母適度的向子女表達情感，保持樂觀開朗的生活態度，注意子女的人格特質，欣賞鼓勵子女的優點，陪伴子女遊戲和閱讀，給予子女充分的自由。

第五節　個人中心理論

個人中心（client-centered）理論的代表人物是羅傑斯（C. R. Rogers），他提出「當事人中心療法」（client-centered therapy）是人本主義心理學的主要代表，成為二十世紀六〇年代興起的一種新的心理療法。茲針對核心觀點及其在親職教育上的應用說明如下：（王鍾和，2009；林家興，2007）

一、核心觀點

（一）強調人都有自我實現的慾望。

（二）心理輔導的重要因素，也是親子關係和家庭關係的重要因素，
　　　有三：

1.真誠一致：言行一致、表裡如一。

2.同理心的瞭解：將心比心、設身處地、感同身受。

3.無條件積極關注：尊重接納、不隨意評價。

二、個人中心理論在親職教育上的應用

（一）實施「反映式」（reflective）親職教育方案

參與研習的父母，被教導如何增進自我覺察、瞭解和接納子女。

（二）實施父母效能訓練課程（PET）

高登（Gordon）提出父母效能訓練（parent effectiveness training）課程，指導父母學習運用「積極聆聽」（active listening）及「我訊息」（I message）等的技巧，幫助父母和子女互相傾聽及瞭解彼此的觀點感受，以增進親子關係。

第六節　現實治療理論

現實治療（client-centered）理論的代表人物是葛拉瑟（W. Glasser），他認為人是自我決定的，人的行為具有目的性，乃是為了滿足基本的生理或心理需求，並獲得歸屬感、自我價值、自由及興趣。

一、核心觀點

（一）現實治療法在心理輔導上的應用

他主張心理師與當事人要維持平等對待關係，因為唯有在溫暖、積極、真誠、接納、不責備及不放棄的治療情境中，才能有效的幫助當事人重新獲得能力，以滿足自我的需求，使生活有意義。應用於心理輔導上，通常分為8個階段進行，可視情境彈性應用，茲說明如下：（張春興，2008）

1.與當事人建立共融關係，包括關心、尊重和信任。
2.先著重當事人目前生活中的行為，而非情緒感覺。
3.針對當事人此時此地的行為進行評價，而非過去。
4.與當事人訂定一套適合改變自己行為的目標計畫。
5.要求當事人對計畫的達成要有口頭或書面的承諾。
6.若當事人沒有達成計畫，不給當事人任何的藉口。
7.不對當事人施予懲罰，維繫先前建立的共融關係。
8.不輕言放棄對當事人的治療，要幫助他重拾信心。

（二）滿足自我的需求

他認為人必須從小學習滿足自我需求的能力，包括：
1.生理需求：食物、溫暖、休息及安全的需求。
2.心理需求：（1）愛與隸屬需求；（2）權力需求；（3）自由需求；（4）樂趣需求。

（三）在共融關係中表現三R行為

他認為人要滿足自我的需求，就必須與重要他人在共融的關係（involvement）中，表現出三R的行為，說明如下：（張傳琳，2003）

1.負責（responsibility）的行為。

2.正確的（right）的行為。

3.合於現實（reality）的行為。

二、現實治療理論在親職教育上的應用

（一）幫助父母和子女覺察及滿足自我需求

現實治療理論認為人的行為皆源自內心的動機，而非外在的影響，而且行為的目的都是為了滿足自我生理和心理的基本需求（張傳琳，2003）。因此，父母應該明瞭身為父母的角色、責任及情緒表達，面對管教子女的實際困難，並進而選擇有效的改變策略。

（二）實施父母融入課程（PIP）

父母融入課程（parent involvement program）就是應用現實治療理論的親職教育課程，藉以指導父母瞭解子女的行為和心理需求，與子女建立共融關係的技巧，以及解決親子問題（王鍾和，2009）。

第七節　家庭系統理論

家庭系統理論是由沙堤爾（V. Satir）、波文（M. Bowen）、菲鐵克（C. Whitaker）及密努欽（S. Minachin）所提倡的。他們主張家庭是一個系統，個人是家庭問題的代罪羔羊，因此，要幫助有問題的個人，就要從改變整個家庭的關係及互動著手（林家興，2007）。

一、核心觀點

家庭系統理論的核心觀點，說明如下：（郭靜晃，2009）

（一）家庭是一個互賴的開放系統

1.子女的行為問題來自整個家庭系統和關係。
2.要改變子女，不如先改變父母自己。

（二）三角關係是維繫家庭系統穩定的力量

1.一個家庭由許多不同的三角關係所構成。
2.當家庭中兩個成員間的關係產生改變，第三個家庭成員就會介入去維繫家庭系統的平衡。

（三）透過積極的回饋來改善家庭系統

1.消極回饋是指家庭系統的問題嚴重到無法恢復原貌。
2.積極回饋是指導入外在資源介入，以打破僵化的家庭系統。

二、家庭系統理論在親職教育上的應用

家庭系統理論的應用，說明如下：（林家興，2007）
（一）個人不能自外於家庭，子女不能自外於父母。
（二）在幫助父母或子女時，必須關切整個家庭系統如何地在影響個別的子女。

第八節　家庭壓力理論

　　希爾（Rebun Hill）在1958年提出ABC-X的家庭壓力理論，之後麥卡賓和佩特森（McCubbin & Patterson）增加了時間系列，修正並提出Double ABC-X的家庭壓力理論。茲針對核心觀點及其在親職教育上的應用說明如下：（郭靜晃，2009）

一、核心觀點

（一）家庭受到內外在因素而導致失衡，會帶給家庭內成員產生身心壓力。

（二）ABC-X的家庭壓力理論之因素來源有四

　　1.A因素：壓力事件，例如子女誕生、死亡、結婚、父母失業及天災等。

　　2.B因素：家庭資源，例如經濟狀況、家庭凝聚力及社會提供的資源等。

　　3.C因素：家庭對壓力事件的界定，例如家庭樂觀面對壓力源。

　　4.X因素：指壓力的高低程度或危機。

（三）Double ABC-X的家庭壓力理論

　　1.連續壓力：「一波未平，一波又起」。

　　2.累積壓力：「屋漏偏逢連夜雨」。

二、家庭壓力理論在親職教育上的應用

（一）家庭壓力會改變家庭成員間的關係，並影響到子女身心。

（二）家庭生活當中遇見壓力，最好儘快因應處理，避免產生累積而造成危機。

作者的叮嚀

1. 心理學是研究個體心智與行為的科學，包括：心智歷程、心理發展、學習與行為反應，以及一切感覺、知覺、意識、運動、情感、情緒及思考等作用。

2. 心理動力學派的兩項主要理論模式：（1）心理分析理論；（2）心理社會發展理論。

3. 比較心理分析理論與心理社會發展理論的差異點：前者偏重兒童早期經驗對成人行為及人格的影響，後者偏重個人一生中各階段的發展與成長。

4. 佛洛伊德（Freud）主張人格結構有三種成分：（1）本我；（2）自我；（3）超我。

5. 本我vs.自我vs.超我：唯樂原則vs.現實原則vs.道德原則。

6. 心理分析理論的兩項假定：（1）人有兩種基本的心理動機，即性慾和攻擊；（2）潛意識的心理活動。

7. 心理分析理論在親職教育上的應用：（1）兒童的早年經驗會影響日後的人格發展和生活適應；（2）母子關係是影響子女人格發展與心理健康的關鍵。

8. 心理分析理論主張人格發展有五個階段：（1）口腔期；（2）肛門期；（3）性器期；（4）潛伏期；（5）兩性期。

9. 心理社會發展理論的重要主張：（1）個體的人格發展乃透過與社會環境互動而形成；（2）個人從出生到終老有八個人格發展階段；（3）個人在每個人格發展階段會遭遇到一些心理社會危機，但危機也是轉機，進而幫助個人發展出更好的適應能力及成長。

10. 心理社會發展理論主張人格發展有八個階段：（1）信任vs.不信任；（2）自主vs.羞怯；（3）自動vs.退縮；（5）自我統合vs.角色混亂；（6）友愛vs.孤僻；（7）精力vs.頹廢；（8）完美無缺vs.悲觀失望。

11. 心理動力學派的理論在親職教育上的應用：（1）它是解釋親子關係與兒童發展的基礎；（2）父母是影響子女成長的關鍵人物。

12. 行為學習理論的基本主張：個人行為是制約或條件化的結果，所有行為都是學習而來的。

13. 行為學習學派包含的理論：（1）古典制約理論；（2）操作制約理論；（3）社會學習理論。

14. 古典制約理論又稱條件制約理論，基本主張：個人行為是「刺激─反應」的聯結。

15. 巴夫洛夫（Pavlov）的古典制約實驗設計中，包含四個變項：（1）無條件刺激；（2）無條件反應；（3）條件刺激；（4）條件反應。

16. 操作制約理論的基本主張：強調學習中重複的作用及行為的結果。

17. 桑代克（Thorndike）的基本主張：貓迷籠的實驗中，發現貓在嘗試錯誤的學習過程中，獲得解決問題的方法。

18. 史京納（Skinner）的基本主張：（1）兒童行為的建立，依賴行

為後果的增強或懲罰而定；（2）環境決定說，學習是因為受到外在環境影響而造成行為的改變。

19. 正增強的意義：個人在學習中，為提高預期行為的出現，所呈現個人喜愛的刺激物。

20. 負增強的意義：個人在學習中，被誘發預期行為的出現，所撤走或取消嫌惡的刺激物。

21. 懲罰的意義：個人在學習中，為減少非預期行為的發生，所呈現讓個人會感到嫌惡或不愉快的刺激物。

22. 隔離的意義：當學生表現出某種「不受歡迎的行為」時，教師立即終止學生行為，或剝奪學生所嗜好的正增強物來消弱不當的行為。

23. 班杜拉（Bandura）的基本主張：（1）刺激－反應聯結並非構成學習的必要條件，只是個人對環境認知的一種訊息；（2）學習是透過觀察和模仿他人的行為而得；（3）學習是環境因素、個人行為及個人對環境的認知三者的交互作用。

24. 模仿學習的四種方式：（1）直接模仿；（2）綜合模仿；（3）象徵模仿；（4）抽象模仿。

25. 觀察學習的四個階段：（1）注意階段；（2）保持階段；（3）再生階段；（4）動機階段。

26. 古典制約理論vs.操作制約理論：反應是被動的vs.反應是主動發生的。

27. 行為改變技術的類型：增強、消弱、行為塑造及代幣制。

28. 阿德勒（Adler）個體心理學的基本主張：（1）社會興趣；（2）社會決定；（3）自卑與超越；（4）家庭星座。

29. 崔克斯（Dreikurs）主張父母辨識兒童行為之目的，大致有四：（1）吸引注意力；（2）爭取權利；（3）報復；（4）自暴自

棄。

30.溝通分析學派的基本主張：（1）探討人際互動對個體人格形成及生活方式的影響；（2）個人在幼年時與他人互動的過程中，透過「撫慰」來形成自己與他人的關係；（3）人格是由兒童、成人和父母三種「自我狀態」所組成。

31.柏尼與哈利斯（Berne & Harris）在溝通分析中提出四種「心理地位」：（1）我好—你也好；（2）我好—你不好；（3）我不好—你好；（4）我不好—你不好。

32.人格的「自我狀態」的意義：（1）它是一種思想與感覺一致性的內在系統，可透過相對應的行為模式表現於外；（2）包含兒童、成人和父母三種。

33.父母自我狀態（P）vs.成人自我狀態（A）vs.兒童自我狀態（C）教導概念vs.思考概念vs.感覺概念。

34.溝通分析理論提倡的三種溝通方式：（1）互補式溝通；（2）交叉式溝通；（3）曖昧式溝通。

35.溝通分析理論在親職教育上的應用：（1）幫助父母覺察子女及自己的自我狀態，促使父母成為「你好—我也好」的人，協助子女成為「你好—我也好」的人；（2）有助於改善親子互動關係，幫助父母適度的向子女表達情感，並注意子女的人格特質。

36.羅傑斯（Rogers）提倡「當事人中心療法」，基本主張：（1）強調人都有自我實現的慾望；（2）親子關係的建立繫於真誠一致、同理心的瞭解、無條件積極關注。

37.個人中心理論在親職教育上的應用：（1）實施「反映式」親職教育方案；（2）實施「父母效能訓練」課程（PET）。

38.高登（Gordon）提倡父母效能訓練，常見運用的技巧有：（1）

積極聆聽；（2）我訊息。

39.現實治療理論的代表人物葛拉瑟（Glasser）的基本主張：人是
自我決定的，人的行為具有目的性，為了滿足基本的生理或心
理需求，並獲得歸屬感、自我價值、自由及興趣。

40.葛拉瑟認為個人從小就學習如何滿足自我需求，在心理層面的
需求包括：（1）愛與隸屬需求；（2）權力需求；（3）自由需
求；（4）樂趣需求。

41.現實治療理論在親職教育上的應用：（1）人的行為皆源自內心
的動機，幫助父母和子女覺察及滿足自我需求；（2）實施「父
母融入課程」（PIP）。

42.家庭系統理論的基本主張：（1）家庭是一個互賴的開放系統，
子女的行為問題來自整個家庭系統和關係；（2）三角關係是維
繫家庭系統穩定的力量；（3）透過積極的回饋來改善家庭系
統。

43.家庭系統理論在親職教育上的應用：（1）個人不能自外於家
庭，子女不能自外於父母；（2）必須關切整個家庭系統如何影
響父母和子女。

44.家庭壓力理論的基本主張：家庭受到內外在因素而導致失衡，
會帶給家庭內成員產生身心壓力。

45.ABC-X的家庭壓力理論之因素來源：（1）A因素是壓力事件；
（2）B因素是家庭資源；（3）C因素是家庭對壓力事件的界
定；（4）X因素是壓力的高低程度或危機。

46.家庭壓力理論在親職教育上的應用：（1）家庭壓力會改變家庭
成員間的關係，並影響到子女身心；（2）家庭生活壓力要儘快
處理，避免累積而造成危機。

自我測驗

1. 請比較心理分析理論與心理社會發展理論的差異。

2. 根據佛洛伊德的觀點，人格結構有哪三種成分？

3. 請說明心理分析理論如何應用在教育上？

4. 請說明佛洛伊德的人格發展階段重點。

5. 艾瑞克森主張人格發展乃個體與社會環境互動而形成，請說明從出生到終老可分成哪八個發展階段？

6. 請比較佛洛伊德與艾瑞克森的人格發展階段說之異同？

7. 請說明心理動力理論如何應用在親職教育上？

8. 請比較古典（條件）制約理論與操作制約理論的差異。

9. 請舉例說明行為改變技術的策略。

10. 請比較正增強、負增強及懲罰的差異。

11. 請說明應用增強原理應注意哪些原則。

12. 請說明行為塑造的意義，並舉例說明之。

13. 請舉例說明如何運用負增強策略來改變學生的學習行為。

14. 請說明社會學習理論的意義，以及如何應用在親職教育上。

15. 根據社會學習理論，說明兒童最常模仿的楷模對象為何？

16. 根據社會學習理論，說明觀察學習的四個階段重點。

17. 請說明阿德勒個體心理學的基本主張。

18. 請說明個體心理學如何應用在親職教育上。

19. 溝通分析理論中，將人格分為哪些「自我狀態」？

20. 根據溝通分析理論，請說明互補式、交叉式及曖昧式三種溝通方式的重點。

21. 請說明溝通分析理論如何應用在親職教育上。

22. 何謂「當事人中心療法」？

23. 何謂「反映式」親職教育方案？

24. 請說明現實治療理論的基本主張。

25. 請說明現實治療理論如何應用在親職教育上。

26. 何謂「父母融入課程」（PIP）？

27. 家庭系統理論的基本主張為何？如何應用在親職教育上？

28. 請說明ABC-X的家庭壓力理論之因素來源有哪些？

29. 名詞解釋：

(1) 試誤說

(2) 效果率、練習率、準備率

(3) 學習遷移說

(4) 戀母情結（又稱伊底帕斯情結）

(5) 戀父情結（又稱厄勒克特拉情結）

(6) 心理社會危機

(7) 無條件刺激、無條件反應、條件刺激、條件反應

(8) 正增強、負增強、懲罰

(9) 隔離

(10) 消弱

(11) 行為塑造

(12) 代幣制

(13) 後效強化、立即強化、延宕強化

(14) 名義刺激、功能刺激

(15) 社會興趣、社會決定

(16) 家庭星座

(17) 撫慰

(18) 心理地位

(19) 自我狀態

(20) 父母融入課程（PIP）

歷屆考題精選

1. 試說明如何運用「代幣制」於兒童的行為改變技術，應用時宜注意哪些
   要項？【2003年社工人員四等特考】

Chapter 4

重要的親職教育課程

本章學習重點

■父母效能訓練

■有效能父母系統化訓練

■怎樣作父母

■父母就是老師

■親子之間

■積極親職

■自信親職

第一節　父母效能訓練（PET）

一、基本概念

（一）倡導者

高登（Thomas Gordon）。

（二）基本主張

父母效能訓練（parent effectiveness training, PET）的基本主張有二，說明如下：（王鍾和，2009；張珍麗、張海琳譯，1994）

1. 父母效能訓練認為父母教養子女，需要具體明確的親職技巧及方法，藉以培養高效能的父母。

2. 參與父母除了技巧訓練外，必須接受教師的監督指導、實證教學及示範練習，學會如何善用技巧來處理親子問題，教出「活潑快樂、認真負責、自律合作」的子女。

（三）兩項原則

父母效能訓練有兩項原則，說明如下：（郭靜晃，2007）

1. 彈性原則

（1）父母為了一致性而設下規則，應視實際情形而留有變通的餘地。

（2）父母之間的一致性若是過度堅持，反而限制各自發揮所長的效能。

2. 問題歸屬原則

（1）親子之間產生問題，宜先確認問題的歸因。

（2）可能是子女的需求未獲得滿足而產生情緒，可能是父母被子女的不當行為困擾而產生情緒。

二、無法成為有效能父母的原因

現代父母無法成為有效能父母的因素，說明如下：（邱珍琬，2005；陳玥，2004）

（一）權力運用失當

1.父母有權利（power）不代表就一定有效能（effective）。
2.子女逐漸長大，認知成熟、人格獨立時，對父母的依賴下降，容易產生抗拒與叛逆。
3.父母運用權力來賞罰子女，可能會產生心理的「防衛機轉」（defense mechanism），包括：潛抑作用（repression）、否定（denial）、投射（projection）、退化（regression）、轉移（displacement）、認同（identification）、反向（reaction formation）、合理化（rationalization）、補償（compensation）、昇華（sublimation）（見表10）。

（二）言談運用失當

1.家庭生活的言談，是和諧溫暖的關鍵，父母與子女之間「話不投機」就會造成隔閡，甚至是嚴重的家庭問題。
2.父母對子女的語言反應不夠敏銳，無法把握子女心裡的念頭，又不允許子女自由表達內心感受，問題自然衍生。
3.現代父母應經常鼓勵子女表達內心感受，養成積極傾聽的習慣，才能增進親子良好的溝通。

（三）家庭生態失當

1. 父母無法提供子女適合成長及發展的家庭環境或家庭氣氛。
2. 父母缺乏調節家庭生態的能力，無法提供充足的文化及社會刺激，會降低子女對環境的應變力與適應力。

（四）衝突處理失當

1. 父母與子女之間因為價值觀念和生活態度的差異，產生代溝衝突現象。
2. 現代的父母面對親子衝突，一方面要防範於未然，另一方面要妥善處理已發生的問題，避免使關係更加惡化。

表10　防衛機轉的類型

類型	意義	舉例
潛抑	不同於壓抑（suppression），是指防衛潛意識裡的內心衝突，卻仍不知不覺地影響到日常行為。	例如：父母可能特別鍾愛或厭惡某一個子女，自己也覺得莫名其妙。
否定	明明已經發生的事，卻認為根本沒發生過，名符其實的鴕鳥心態。	例如：父母對子女抱有高期待，可能會拒絕承認子女能力不足以達到要求。
投射	會以自己的想法去揣度他人的想法，就像莊子臨淵羨魚；或是擔心他人發現自己的缺點，所以先下手為強，把別人的缺點批評一番，就像五十步笑百步。	例如：自己不喜歡吃青菜，就先跟父母告狀弟弟把青菜弄掉到地上了。
退化	隨著人們長大後，處理事情的方式有所不同，但有時會在遇到挫折時，反而使用比較幼稚的方式（如要賴）而不是溝通。	例如：有些子女因為特別柔弱，可以得到很多照顧，於是就樂於繼續扮演弱者的角色，不願成長。
轉移	想要發洩衝動或怒氣到某個對象上，卻因為打不贏而轉移到另一個安全的對象上。	例如：一個兒童在學校被欺負，於是回家打妹妹出氣；或是兒童喜歡吮奶嘴，長大後改成吮手指頭或咬筆尖。

（續下頁）

（續上頁）

類型	意義	舉例
認同	把他人的價值觀或行為轉化為自己的標準。	例如：一個兒童喜歡父親對母親的貼心，也會學著對人貼心。
反向	壓抑住自己的慾望，在潛意識裡又怕他人察覺自己的念頭，於是做出來的行為與內心想法正好相反，就像「此地無銀三百兩」的例子。	例如：一個兒童討厭新生的弟弟會搶走父母的關愛，於是在父母面前表現出一付很照顧弟弟的樣子，但心裡卻不情願。
合理化	一個人的行為無法符合社會規範，或是遇到挫折時，為了維護自尊、減低焦慮，而為自己的行為找到一個合理的解釋。	例如：子女自己睡過頭而趕不及上學，就說是母親也睡過頭沒有叫醒自己。
補償	一個人努力去發揮自己的優點，以掩飾先天的缺點或後天的自卑。	例如：體力不好的兒童，努力成為運動員；容貌平庸的女孩努力讀書，爭取好成績。
昇華	把不被社會接受的慾望或本能加以改變。	例如：一個兒童很生氣想打人，但又知道打人是不被允許的，於是選擇跑操場冷靜下來。

資料來源：本書自行整理。

三、父母效能訓練的課程設計

父母效能訓練課程常見的三個方法，說明如下：（王鍾和，2009；陳玥，2004；郭靜晃，2007）

（一）傾聽

父母主動傾聽，表示想要瞭解子女的感受，然後用自己的話表達，可增進父母與子女間的親密關係，幫助子女自己解決問題。不過，傾聽需要花費不少時間，萬一沒有時間，也要坦白告訴子女。傾聽的方式主要有三：

1.專注

（1）眼睛保持注視。

（2）身體姿勢保持開放，並向前傾。

2.消極傾聽

（1）安靜的接受並表示關心。

（2）使用「敲門磚」（開放式的問句）請子女繼續講下去。

3.積極傾聽

當子女感受到自己被接納及關愛時，就會願意講出心聲。因此，在訓練課程會引導父母與子女溝通有「十二種絆腳石」，分別是：

（1）命令：例如「你別再抱怨了」。

（2）威脅：例如「如果你再不聽話，就會把你趕出家門」。

（3）說教：例如「好孩子是不會有這樣任性的行為的。」

（4）建議：例如「如果我是你，我才不會這麼不聽話。」

（5）爭論：例如「這就是你為什麼惹人討厭的原因。」

（6）責任：例如「你看，你就是偷懶。」

（7）讚美：例如「我認為你是對的。」

（8）侮辱：例如「你真是個膽小的孩子。」

（9）分析：例如「你之所以惹人討厭，就是因為不聽話。」

（10）同情：例如「你就高興一點吧，反正事情都已經發生了。」

（11）質問：例如「你到底是做了什麼事？」

（12）轉移：例如「讓我們先談談別件事好了。」

（二）我訊息

1.意義

我訊息是自我揭露的訊息。它是一種清楚、容易理解又切中要點的訊息，也是人際之間表達出信任、誠實、一致的真實想法和感覺。

2.優點

比較不容易引起子女的抗拒和叛逆，反而可以讓子女擔負起改變自己行為的責任，有效幫助孩子成長。

3.四種型式

（1）表白性的我訊息：對子女表露自己的信念、觀點、喜好、感覺及想法。

（2）預防性的我訊息：讓子女清楚知道完成目標後，可以獲得獎勵或滿足需求。

（3）肯定性的我訊息：對子女表達讚賞、關愛及喜悅等正向的訊息。

（4）面質性的我訊息（具體行為＋影響＋感受）：首先，不加批評且具體描述子女的行為；其次，對子女說明自己的行為已經為父母帶來困擾及影響；最後，說明父母對子女行為的感覺。例如：「你沒有打電話告訴我，你會超過晚上12點才回家。結果我在床上輾轉難眠，一直很擔心你的安全。直到你打開門的那一刻，我才鬆了一口氣。」

（三）沒有輸家──雙贏法

1.意義

（1）親子間的衝突經由雙方的協商而達成共識。

（2）解決問題的方法必須是為雙方都接受的，所產生的解決辦法通常是出於孩子的想法，如此一來，自然會提高孩子樂觀其成的意願。

（3）可以拉近親子間的距離，雙方因為衝突化解而欣喜。

2.實施步驟

（1）用需求的觀點來界定問題。

（2）提出可能的解決方法。

（3）評估解決的方法。

（4）決定雙方都能接受的解決方法。

（5）採取行動。

（6）評估結果。

四、父母效能訓練的效果評估

父母效能訓練課程雖然受到肯定，但在效果上也有缺點和限制：（王鍾和，2009；張耐，2001；曾端真，1993）

（一）父母效能訓練重視父母角色與親子互信方面是備受肯定的，有助於父母瞭解子女、改變態度及提升子女的自尊，建立一個民主、接納及真誠的家庭氣氛。

（二）父母效能訓練只是提供一個父母管教孩子過程上的技巧訓練，對每一個家庭來說，改變的歷程是一個開始，並不代表往後的過程永遠平順，許多的父母仍需要持續地成長、改善及摸索。

（三）父母效能訓練過分強調父母親單方面的技巧，忽略了親子問題的複雜性。此外，父母效能訓練課程的原理原則比較刻板、缺乏彈性，而且介入的效果未被充分證實。

第二節　有效能父母系統化訓練（STEP）

一、基本概念

（一）倡導者

鄧克麥與麥凱等人（Dinkmeyer & Mckay et al.）。

（二）源起脈絡

源自阿德勒（Alfred Adler）學派所倡導的個體心理學（individual psychology）的影響，認為社會是個人行為的決定因素，人類的基本需求是歸屬感。

（三）基本主張

父母與子女溝通時，要注意子女傳達的語言與非語言訊息，不做論斷式的反應，要澄清子女感受及語意，多使用開放式的問句，並常表示接納及關切。有效能父母系統化訓練的基本主張，說明如下：（王鍾和，2009；郭靜晃，2009；張耐，2000）

1.瞭解兒童的行為與情緒

（1）兒童行為會受到遺傳和環境影響。

（2）兒童行為帶有社會目的性：引起注意、追求權威、尋求報復或自暴自棄。

2.親子溝通時父母扮演的角色

（1）指揮官型：凡事想掌控。

（2）道德家型：愛說教。

（3）萬事通型：顯示無事不知。

（4）法官型：未審先判。

（5）批評者型：凡事父母都對。

（6）心理學家型：對事偏愛診斷、分析和詢問。

（7）安慰者型：不願深入瞭解，只想淡化處理。

3.運用鼓勵建立自尊及價值感

（1）建立兒童自尊應配合不同的發展階段：嬰兒期，培養信任感為主；幼兒期，讚賞和鼓勵探索為主；學前及小學初期，鼓勵獨立；小學中後期，給予選擇和接納；青春期，為自己的行為後果負責。總之，勿幫子女做他們會做的事。

（2）建立自尊的方法：對事不對人、鼓勵獨立、賦予責任、接納子女的真實面、以鼓勵替代獎勵、信賴及肯定等。

4.養成子女的責任感

（1）強調民主態度、對子女的合理要求及尊重。

（2）基本原理：瞭解子女的行為和情緒，溫和與堅定，不要做太「好」的父母，鼓勵獨立、避免憐憫，不要太在乎他人觀感，少說多做，讓子女分擔責任。

5.強調家庭氣氛與親子關係

（1）父母與子女間的互動關係會影響家庭氣氛的好壞，例如父母的互動具有競爭性，家庭中其他互動也會偏向競爭性。

（2）父母應清楚表達教養的價值感，並言行一致，而非命令式的強迫子女接受自己的價值觀，更不應攻擊子女的價值觀及人格。

6.把握管教子女的原則

（1）以鼓勵代替獎勵。

（2）以自然邏輯結果代替處罰。

（3）正視問題，勿拐彎抹角。

（4）要求少而合理。

（5）維持生活規範。

（6）注意子女的請求，有說「不」的勇氣。

二、理解子女不當行為之目的

兒童出現不良行為之目的，說明如下：（郭靜晃，2009）

（一）獲得注意：子女行為忽停忽現，乃是想要引起注意。

（二）爭取權力：子女行為漠視權威，乃是想要爭取權力。

（三）進行報復：子女行為出現暴力、敵意，乃是想要報復。

（四）自暴自棄：子女行為拒絕合作，乃是想要自暴自棄。

三、有效能父母系統化訓練課程設計

有效能父母系統化訓練課程實施有兩項重點，說明如下：（郭靜晃，2009）

（一）與子女溝通

1.溝通時要注視子女，讓子女感受到父母在乎他。

2.傾聽子女的想法，以及所要表達的感受。

3.同時也要讓子女瞭解父母的感受。

（二）對子女不當行為的處理

1.多給予鼓勵

（1）鼓勵的重點在於子女的內在動機，而不是為了要得到父母的獎賞。

（2）避免負面說教，強調正面叮嚀，可以和子女訂定協議。

（3）讓子女表達自己感受和想法的機會。

（4）鼓勵時要誠懇，可針對個別的、良好的行為，提出衷心的讚美。

2.運用自然且合理的行為結果

自然合理的行為結果與懲罰不同（見表11），運用時須遵守以下原則：

（1）兒童必須表現出社會生活的規則，例如兒童霸占玩具，父母可以告訴子女：「玩具不是你一個人的，要大家一起玩。」

（2）與不當行為本身有相關，例如兒童把玩具散亂滿地就跑去看電視，父母可以告訴子女：「把玩具收拾好，否則不准看電視。」而不是「否則沒有點心吃。」

（3）對事不對人。

（4）勿將子女過去的犯錯，一再拿出來責難。

（5）儘量用溫和而堅定的方式來處理。

（6）提供子女選擇的空間，並為自己的行為負責。

表11　自然且合理行為結果與懲罰的比較

自然且合理行為結果		懲罰	
特性	可能的結果	特性	可能的結果
重視社會規範	合作、自重且尊重他人、有自制力、可信賴	重視個人權威	叛逆、不負責、缺乏自制力、唯唯諾諾
明理、有原則	經驗中學習責任感	未必合理	怨恨、報復、害怕、困惑
尊重、有價值	感到被接納	行為標籤化	懷抱罪惡感
對事不對人	自我學習及進步	對事也對人	挫折、失敗感
強調未來發展	支持、安全感	強調過去行為	不安、威脅感
友善信賴	自信心	要求服務	假意屈從、表裡不一

資料來源：修訂自鍾思嘉（2004）。

第三節　怎樣作父母（How to parent）

一、基本概念

（一）倡導者

唐森（F. Donson）。

（二）目標

1.期許父母不應該是當了父母，才來學如何作父母。
2.強調父母應熟知兒童各時期發展的知識，然後配合子女的發展施以有效的管教。

（三）基本主張

怎樣作父母的基本主張，說明如下：（王鍾和，2009）
1.克服初為人父及人母的緊張和惶恐。
2.要相信自己的子女是獨一無二的。
3.理想父母不是完全放任子女行為。
4.理想父母也要誠實表達自己的感覺和情緒。
5.子女的人格發展及行為是可以矯正的。

二、怎樣作父母的課程設計

怎樣作父母的課程設計，茲從兒童心理發展的知識、管教子女的原則及如何幫助子女發揮潛能，說明如下：（王鍾和，2009）

（一）瞭解兒童心理發展的知識

1.嬰兒期（0～1歲）

父母提供足夠的基本需求，子女獲得滿足就會產生信任感。

2.探索期（1～2歲）

父母確保子女在家庭環境中的安全，能自由探索及發展肌肉協調性，讓子女產生自信心，形成良好的自我概念。

3.人格原動期（2～3歲）

父母幫助子女建立自我認同及自我概念，因此管教子女重點在於設立合理的規範，協助子女的感覺和行動一致，具有良好的人格及認知發展。

4.學前期（3～7歲）

此時期的子女在行為上開始學會自我約束，也會為了取悅父母而改變行為，已經準備好進入同年齡的世界，學習如何與朋友相處及合作。

（二）管教子女的原則

管教之目的在於幫助子女，學習成為一個具有「自我調節」（self-regulated）能力的人，因此，管教原則應掌握下列幾點：

1.妥善安排子女的活動環境。
2.依循子女的特性因材施教。
3.鼓勵子女自由的探索環境。
4.儘量使用鼓勵來代替懲罰。
5.善用子女天生的模仿好奇。
6.能提供子女情緒上的支持。
7.採自然與合理的行為結果。

（三）幫助孩子發展潛能

1.子女在5歲前，提供越多的智力刺激，長大後的智力越高。

2.父母勿施加過重的壓力於子女，教導基本學習能力及思考。

 # 第四節　父母就是老師（Parents are teachers）

一、基本概念

（一）倡導者

貝克（Wesley C. Becker）。

（二）理論依據

行為學習理論。

（三）基本主張

1.教導父母建立子女行為規範的技巧。
2.教導父母應用增強物去引導子女的正向行為。

二、父母就是老師的課程設計

父母就是老師的課程設計內容，說明如下：（王鍾和，2009）

（一）增強與懲罰

1.父母善用增強物，去增強或消弱子女被期望的行為。
2.運用懲罰的時機：
（1）要立即性。

（2）使用剝奪獎勵方式。

（3）使用警告訊號。

（4）要徹底執行、一致性。

（5）同時呈現被懲罰行為與增強行為，讓子女有所比較。

（二）與子女訂規定

1.與子女共同訂規定、共同遵守，並教導子女分析不當行為的後果和理由。

2.訂規定要簡潔、正向、具體，並適合子女的年齡及能力。

3.使用規定要立即並徹底執行。

第五節　親子之間（Between parents and child）

一、基本概念

（一）倡導者

吉諾特（Haim G. Ginott），曾出版《父母怎樣跟子女說話》及《父母怎樣管教青少年》。

（二）基本主張

1.父母與子女談話的技巧訓練。

2.父母正確管教青少年的方式。

二、親子之間的課程設計

親子之間的課程設計內容，說明如下：（王鍾和，2009）

（一）談話方式與內容

1.讚美及批評要「對事不對人」。

2.父母與子女溝通要避免以下兩種對話方式：

（1）憤怒的葡萄：是指父母要避免使用侮辱、加頭銜、預言、威脅及指責。

（2）七條死巷：是指父母對青少年談話要避免講道理、陳腔濫調、經驗老談、態度無所謂、指責毛病、自憐自嘆及過分樂觀。

（二）管教與引導

1.限制的技巧：堅定而明確的告訴子女哪些可做、哪些不可做。

2.零用錢：幫助子女學會對金錢的規劃與負責。

3.做家事訓練：培養子女做家事的習慣及責任心。

4.誠實和禮節：灌輸子女誠實的觀念，父母以身作則，並教導應對進退的禮節。

（三）子女的情緒

1.父母要正視子女的害怕（例如怕黑）及恐懼（例如怕被遺棄）的情緒。

2.父母要疏導子女因為有新生的手足，而帶來的嫉妒情緒。

（四）性教育

1.面對幼兒，要誠實回答「我從哪裡來？」的問題，以及性別的差異。

2.面對兒童，要做好青春期發育的衛生教育。

3.面對青少年，要教導正確的性知識及性道德。

（五）父母的角色

1.有行為問題的父母，會導致親子關係不佳。

2.父母要多花時間來加強親子間的情感聯絡。

第六節　積極親職

一、基本概念

（一）倡導者

帕柏欽（Michael Popkin），1989年在美國提出。

（二）基本主張

1.因應社會變遷及問題，如性行為及藥物濫用等。

2.教導父母如何管教青少年。

二、積極親職的課程設計

積極親職課程設計的內容，說明如下：（郭靜晃，2009）

（一）訓練課程的教材

共有6部分：指導者指南、錄影帶內容、父母親手冊、父母親行動指

南、備忘錄、錄影帶實況模擬。

（二）活動設計流程

共有下列8項步驟：

1.參與學員研讀父母親手冊內容。

2.閱讀並回答行動指南中的問題。

3.訓練課堂中，指導員協助父母複習手冊內容。

4.配合播放錄影帶，與訓練課程內容產生連結。

5.父母跟著錄影帶劇情做練習，或在課堂中實際演練並體驗課程內容。

6.透過行動指南，父母將所學應用到家中的子女身上。

7.父母回到課堂中分享應用情形及角色扮演，指導員及同儕給予回饋鼓勵。

8.父母繼續應用所學、分享及回饋，逐漸熟悉管教技巧。

第七節　自信親職

一、基本概念

（一）倡導者

歐郁（Kerby T. Aluy）。

（二）理論依據

行為改變技術及社會學習理論。

（三）基本主張

自信親職的基本主張或理論依據，說明如下：（郭靜晃，2009）

1. 古典制約論和操作制約論：教導父母認識子女行為的「刺激－反應」聯絡，以及運用增強和消弱作用。

2. 觀察學習論：教導父母瞭解境教及身教的重要性。

3. 訊息處理學習論：提供有用的訊息來幫助父母改變觀念及態度。

4. 認知失調論：透過個人的認知不協調或帶來不愉快，促使子女的認知及態度跟著改變。

二、自信親職的課程設計

自信親職的課程設計內容，說明如下：（郭靜晃，2009）

（一）課程教材

共有7部分：教師手冊、父母手冊、宣傳單、結業證書、教學透明片、錄影帶及家庭規則卡。

（二）課程內容

1. 如何口頭稱讚子女的良好行為。

2. 如何訂定家庭規則。

3. 如何瞭解子女行為。

4. 如何使用暫停方法來管教子女的不當行為。

5. 如何獎勵子女的方法。

作者的叮嚀

1. 父母效能訓練的兩項原則：（1）彈性原則；（2）問題歸屬原則。

2. 無法成為有效能父母的原因：（1）權力運用失當；（2）言談運用失當；（3）家庭生態失當；（4）衝突處理失當。

3. 心理的「防衛機轉」有以下類型：潛抑、否定、投射、退化、轉移（displacement）、認同、反向、合理化、補償、昇華。

4. 父母效能訓練的三個方法：（1）傾聽；（2）我訊息；（3）沒有輸家－雙贏法。

5. 父母傾聽的方式有三：（1）專注；（2）消極聆聽；（3）積極聆聽。

6. 父母效能訓練課程中「十二種溝通的絆腳石」：（1）命令；（2）威脅；（3）說教；（4）建議；（5）爭論；（6）責任；（7）讚美；（8）侮辱；（9）分析；（10）同情；（11）質問；（12）轉移；（二）我訊息。

7. 「我訊息」的意義：（1）是自我揭露的訊息；（2）是一種清楚、容易理解又切中要點的訊息；（3）也是人際之間表達出信任、誠實、一致的真實想法和感覺。

8. 「我訊息」的四種型式：（1）表白性的我訊息；（2）預防性的我訊息；（3）肯定性的我訊息；（4）面質性的我訊息。

9. 「沒有輸家」（又稱雙贏法）的意義：（1）親子間的衝突經由雙方的協商而達成共識；（2）解決問題的方法必須是為雙方都接受的；（3）親子雙方因為衝突化解而欣喜。

10. 沒有輸家的實施步驟：（1）用需求的觀點來界定問題；（2）提出可能的解決方法；（3）評估解決的方法；（4）決定雙方都能接受的解決方法；（5）採取行動；（6）評估結果。

11. 父母效能訓練在效果上的限制：（1）只提供父母管教子女的技巧訓練，對每一個家庭來說，改變並不代表往後的過程永遠平順，許多的父母仍需要持續地成長、改善及摸索；（2）過分強調父母親單方面的技巧，忽略了親子問題的複雜性；（3）原理原則比較刻板、缺乏彈性，而且介入的效果未被充分證實。

12. 有效能父母系統化訓練的理論基礎：源自阿德勒學派所倡導的個體心理學，認為社會是個人行為的決定因素，人類的基本需求是歸屬感。

13. 親子溝通時父母扮演的角色類型：（1）指揮官型；（2）道德家型；（3）萬事通型；（4）法官型；（5）批評者型；（6）心理學家型；（7）安慰者型。

14. 管教子女的原則：（1）以鼓勵代替獎勵；（2）以自然邏輯結果代替處罰；（3）正視問題，勿拐彎抹角；（4）要求少而合理；（5）維持生活規範；（6）注意子女的請求，有說「不」的勇氣。

15. 兒童常見的不當行為之目的：（1）獲得注意；（2）爭取權力；（3）進行報復；（4）自暴自棄。

16. 運用自然與合理的行為結果，須遵守以下原則：（1）兒童必須表現出社會生活的規則；（2）與不當行為本身有相關；（3）對事不對人；（4）勿將子女過去犯的錯，一再拿出來責難；（5）儘量用溫和而堅定的方式來處理；（6）提供子女選擇的空間，並為自己的行為負責。

17. 怎樣作父母的課程目標：（1）期許父母不應該是當了父母，才來學如何作父母；（2）強調父母應熟知兒童各時期發展的知識，然後配合子女的發展施以有效的管教。

18. 怎樣作父母的課程中，將兒童心理發展的知識分成四個階段：

（1）嬰兒期（0～1歲）；（2）探索期（1～2歲）；（3）人格原動期（2～3歲）；（4）學前期（3～7歲）。

19.父母就是老師的基本主張：（1）教導父母建立子女行為規範的技巧；（2）教導父母應用增強物去引導子女的正向行為。

20.父母與子女訂規定的原則：（1）共同訂規定、共同遵守，並教導子女分析不當行為的後果和理由；（2）訂規定要簡潔、正向、具體，並適合子女的年齡及能力；（1）使用規定要立即並徹底執行。

21.親子之間的基本主張：（1）父母與子女談話的技巧訓練；（2）父母正確管教青少年的方式。

22.父母與子女的對話，要避免憤怒的葡萄：侮辱、加頭銜、預言、威脅及指責。

23.父母與子女的對話，要避免七條死巷：講道理、陳腔濫調、經驗老談、態度無所謂、指責毛病、自憐自嘆及過分樂觀。

24.積極親職的基本主張：（1）因應社會變遷及問題；（2）教導父母如何管教青少年。

25.自信親職的理論依據：（1）古典制約和操作制約；（2）觀察學習；（2）訊息處理學習；（2）認知失調。

自我測驗

1. 請比較父母效能訓練（PET）與有效能父母系統化訓練（STEP）的異同。

2. 請說明父母效能訓練的基本理念。

3. 請說明父母效能訓練的兩項原則。

4. 根據父母效能訓練，無法成為有效能父母的原因為何？

5. 請說明父母效能訓練所倡導的親子互動技巧。

6. 請說明父母效能訓練課程中「十二種溝通的絆腳石」。

7. 何謂主動傾聽？主動傾聽在親子互動中有何效果？父母運用主動傾聽時應抱持什麼態度？

8. 何謂「我訊息」？對於親子互動有何優點？

9. 請說明父母效能訓練中的「沒有輸家」（又稱雙贏法）的意義。

10. 請說明運用「沒有輸家」法來解決親子間的衝突及實施步驟。

11. 請說明有效能父母系統化訓練的基本理念。

12. 請說明親子溝通時，父母經常扮演的角色類型有哪些？

13. 父母管教子女，如何運用鼓勵幫助子女建立自尊及價值感？

14. 父母如何教養出有責任感的子女？

15. 父母與子女間的互動關係會影響家庭氣氛的好壞，那麼，請你說明父母如何營造和諧的家庭氣氛？

16. 請說明管教子女的原則有哪些。

17. 兒童常見的不當行為之目的有哪些？

18. 有效能父母系統化訓練課程實施時，應注意哪些事項？

19. 根據有效能父母系統化訓練，父母應如何鼓勵子女？

20. 運用自然且合理的行為結果，應遵循哪些原則？

21. 請比較自然且合理的行為結果與懲罰的差異。

22. 請說明「怎樣作父母」的基本理念及其課程內容。

23. 父母如何幫助子女，學習成為一個具有「自我調節」能力的人？

24. 請說明「父母就是老師」的理論依據及基本理念。

25. 請說明父母與子女訂規定的原則？

26. 請說明父母如何對子女實施性教育。

27. 請說明「親子之間」的基本理念。

28. 請說明「積極親職」的基本理念。

29. 請說明「自信親職」的理論依據及基本理念。

30. 名詞解釋：

　　（1）防衛機轉

　　（2）敲門磚

　　（3）積極聆聽

　　（4）人格原動

　　（5）自我調節

　　（6）憤怒的葡萄

　　（7）七條死巷

 歷屆考題精選

1. 試說明高登「父母效能訓練」的意義及其基本理念。【2003年社工人員四等特考】

2. 試簡述Thomas Gordon所提倡的「父母效能訓練」模式（Parent Effectiveness Training，簡稱PET）之中心要點。【2004年公務人員普考】

Chapter **5**

家庭類型
與親職功
能運作

本章學習重點

■家庭的定義與特質

■生親家庭的親職教育

■單親家庭的親職教育

■繼親家庭的親職教育

■隔代教養家庭的親職教育

■新移民家庭的親職教育

第一節　家庭的定義與特質

一、家庭的定義

家庭是一個社會群體，傳統上，家庭成員的組成包含夫婦、父母、尊親屬、已婚或未婚子女等。換言之，家庭是由兩個或兩個以上有血緣、婚姻或收養關係的人所組成的群體。

家庭依照成員關係及規模的不同，可分為以下三類（見表12）：

（一）核心家庭

或稱夫妻家庭，是最小型的家庭，包括父母與未婚子女。

（二）折衷家庭

以血緣關係為基礎，由相連兩代的兩個家庭所組成，也就是三代同堂的家庭，成員包括祖父母、父母及未婚子女。

（三）大家庭

或稱聯合家庭、血親家庭，以血緣延伸為基礎，是指一個家庭內包含兩個或兩個以上的核心家庭所組成。除了父母及未婚子女外，尚包括已婚子女及其子嗣、祖父母或是其他親屬。

表12 家庭類型優缺點之比較

類型	優點	缺點
核心家庭	1.成員少、關係密切。 2.獨立性高、自主性強。	1.缺少支持資源。 2.易孤立。
折衷家庭	1.成員適中、互動性可。 2.支持資源適中。	兩個家庭間仍應各自保有獨立性與自主性。
大家庭	1.支持資源豐富。 2.若互助性高,可有效整合力量。	1.成員眾多,易生衝突。 2.比較缺乏獨立性及自主性。

資料來源:修訂自陳玥(2004)。

二、家庭的功能

一般說來,家庭普遍存在的功能有以下四項:

(一)性功能

夫婦之間因為性關係的正當性,而維繫和鞏固家庭。

(二)經濟合作功能

夫婦之間共創經濟來源、資產共有。

(三)生養育功能

夫婦因結合而生兒育女,並適度提供子女身心健全發展的環境。

(四)社會化功能

家庭成員彼此生活在一起,提供情緒支持及安全感,各種關係緊密結合。

第二節　生親家庭的親職教育

一、生親家庭的意義

　　是指兒童與親生父母住在一起的家庭。一般說來，生長在這類家庭的兒童可以獲得較多的關愛和照顧，在身體、心理、人格、認知及社會發展上的情形良好。

二、生親家庭父母的教養向度

　　生親家庭父母的教養類型，從向度上來分類有三種，說明如下：（王鍾和，2009）

（一）單向度：以權威性當作標準

　　1.權威型。
　　2.溺愛型。
　　3.民主型。

（二）雙向度：分成控制和情感兩個向度

　　1.權威vs.關懷。
　　2.控制vs.情感。
　　3.要求vs.反應。
　　4.關懷vs.保護。

（三）三向度

加入第三個向度，例如：管教兒童的責任導向、焦慮情緒的投入或冷靜的分離。

三、生親家庭父母的教養類型

生親家庭父母的教養類型，從父母人格特質上來分類，主要有專制權威、寬鬆放任、開明權威及忽視冷漠四種類型，茲針對各類型管教方式及其對子女行為可能產生的影響，說明如下：（王鍾和，2009）

（一）專制權威型

1. 父母方面：常使用權威、命令、壓抑和控制的方式，嚴格限制子女表達自己的需要，很少與子女討論。
2. 子女方面：容易產生退縮性的人格（自卑、害羞、懷疑及依賴）或控制性的人格（叛逆、攻擊、暴力及陽奉陰違）。

（二）寬鬆放任型

1. 父母方面：包容子女所做的一切，缺乏應有的指導與要求，讓子女自己約束自己，父母少用懲罰和控制。
2. 子女方面：容易產生行為衝動、自我中心、自我懷疑、逃避責任、缺乏尊重及行事霸道。

（三）開明權威型

1. 父母方面：是最理想的管教方式，與子女建立明確的行為規準準則，並堅定要求遵守，鼓勵子女的個別性和獨立性，親子雙方有良好溝通。

2.子女方面：可以促進子女自動自發、獨立自主、正向的自我概念、負責任及尊重他人。

（四）忽視冷漠型

1.父母方面：與子女保持距離，對子女缺乏付出情感支持和回應，凡事以父母為中心，置子女的需求於不顧。
2.子女方面：容易產生負面情緒發展、自貶、冷漠、身心疾病及社會化不良。

四、生親家庭的親職教育實施

生親家庭在親職教育上的規劃與實施，說明如下：（王鍾和，2009）

（一）建立及維持健全的家庭結構，方能提供子女安全感和歸屬感。
（二）採用適當的管教方式，開明權威方式最有助於子女在個人適應、社會適應、自尊、偏差行為及學業成就的表現。
（三）管教子女是父母兩人共同的責任，應避免管教不一致，也要重視子女的反應。
（四）對不同發展階段的子女，管教方式也要因應調整。

第三節　單親家庭的親職教育

一、單親家庭的定義

單親家庭（single-parent family）是由一方父親或母親與其未婚子女

（指18歲以下）所組成的家庭。形成單親家庭的原因很多，包括父母因離婚、分居、喪偶、未婚（未婚生子）及單親領養等，其中以離婚和分居者居多。這樣的定義比較強調「弱勢」的性質，但實際上，由於單親家庭的成因不同，加上個人本身所擁有的內外在資源不同，面對單親的感受與調適也會有所差異（郭靜晃，2009）。

二、單親家庭的困境與影響

在單親家庭中，只有一位家長負擔生活及教養子女的責任，因此面臨的壓力比一般雙親家庭來得沈重，值得正視及協助。

（一）經濟壓力大

單親家庭普遍存在著經濟上的問題，包括每月平均收入低於標準、入不敷出、缺乏自有住宅等，造成多數家庭必須仰賴政府補助的低收入戶生活津貼（王鍾和，2009）。其中，又以女性為主的單親家庭最為嚴重，原因說明如下：（郭靜晃，2009）

1.女性單親謀生能力較低，或女性工作薪資比例偏低。

2.女性單親為求照顧子女，常導致縮短工作時間。

3.女性單親原本是家庭主婦，缺乏工作經驗或就業訓練機會。

4.女性單親多數處於經濟劣勢，缺乏公共扶助。

（二）對子女的影響

單親家庭對子女產生的影響，說明如下：（王鍾和，2009）

1.對父親或母親楷模的學習被剝奪，使個人與家庭成員或家庭環境失去平衡，進而影響單親子女的性別角色認知。

2.單親子女可能會認為自己是父母離婚的源頭，而心生內疚，進而缺乏安全感、對人不信任、生活適應困難、學習退化、脾氣易怒。

3.單親子女可能會加快心理成熟度，具有同情心和獨立自主。

4.單親子女可能會有較消極負面的自我概念或自卑感。

5.單親子女可能會產生分離焦慮，造成情緒和精神不穩定，引發身心疾病。

6.單親子女缺少社會化的學習發展，會較依賴、不合群，有人際交往困擾。

7.單親子女可能有學習行為困擾，包括上課不專心、被動、課業成就低、反社會行為。

三、單親家庭的親職教育實施

單親家庭子女因為容易出現行為困擾，進而導致問題及犯罪行為，因此，單親家庭的親職教育成為當前的重要課題，茲針對實施原則及方式，說明如下：（王鍾和，2009；黃維齡，2002）

（一）單親父母要適當的調整情緒，切勿變得喜怒無常、動輒打罵。

（二）單親父母角色要有正確認知，調整管教方式、做好時間管理。

（三）單親父母要建立良好和諧的親子關係，鼓勵正向積極的行為表現。

（四）勿因補償心態而扮演事事代勞的「好父母」，而是要成為「負責任」的父母，尊重子女並協助建立責任感和自信心。

（五）單親父母的管教方式儘量多採用開明權威，少用忽視冷漠；宜有明確合理的行為期望與規定。

（六）單親父母的管教應掌握「一致性」原則，一方面重視身教示範，另一方面與離婚配偶或其他照顧者的管教方式也要求一致，切勿兩套標準。

（七）單親父母的管教策略宜多採用：增加溝通機會、隨時察覺子女反應、肯定自我價值、建立獨立自主、自我負責及自我管理

等。

（八）學校可辦理團體討論與輔導，加強親師關係及情感支持；教師可以在班上多加瞭解單親兒童的學習狀況、人格發展和情緒變化，適時關懷並協助其與班上同儕建立良好的人際關係。

第四節　繼親家庭的親職教育

一、繼親家庭的定義

繼親家庭（step family）是指單親後再婚的家庭，包括一方再婚或雙方都再婚，並至少有一方跟著前次婚姻所生的子女，共同組成的新家庭。常見的類型有兩種，說明如下：（王鍾和，2009）

（一）生父繼母家庭

1.生父再婚而組成的家庭。
2.生父在原配偶死亡或離婚後，為了滿足自己的身心需要，或是希望自己及子女的生活起居有人照顧而選擇再婚。

（二）生母繼父家庭

1.生母再婚而組成的家庭。
2.生母再婚前，大多會在意再婚對象對子女的接受程度，若再婚對象無法與子女建立良好關係，生母可能會選擇不婚。

二、繼親家庭的困境與影響

對繼親家庭而言，常會面臨家庭成員情緒、生活風格及角色關係上的問題，說明如下：（王鍾和，2009）

（一）情緒方面的問題

1.家庭成員大多曾經歷失落和悲傷的感受，容易將情緒投射在新的家庭成員上，降低自我價值感，擔心無法適應新的家庭生活。
2.繼子女會因分屬兩個家庭，而對自己原生父（母）親的忠誠問題感到不知所措。

（二）生活風格的問題

1.再婚父母在先前家庭的生活習慣和做事經驗，會影響對繼子女的互動。
2.繼子女在先前家庭的生活習慣和做事經驗，會影響對新家庭的觀感。

（三）家庭互動方面的問題

1.婚後親子關係缺乏足夠的時間經營。
2.繼父母的角色含糊不清，且常被繼子女拿來與生親做比較。
3.繼子女分屬兩個家庭，需面對兩套不同的家規與期待。
4.家庭成員間的凝聚力較低，但有助於提高子女的適應力。
5.繼父常用忽視冷漠的管教方式，偶爾會用權威方式以確立自己的家庭地位；生父再婚後較多會轉向溫和講理的態度，採取開明權威的管教方式。
6.繼母常用忽視冷漠的管教方式，大多是在意他人眼光並害怕破壞與繼子女之間的關係所致，結果造成繼子女覺得繼母不關心、偏心，

彼此關係不親密；生母再婚後轉為嚴格管教或不管教的比例較高。

7.繼親子女表現出較差的生活適應，在學校有較多的學習偏差行為。

三、繼親家庭的親職教育實施

茲針對實施原則及方式，說明如下：（王鍾和，2009；陳玥，2004；黃維齡，2002）

（一）繼父母要建立並維持完整的家庭結構，提供子女歸屬感和安全感。

（二）繼父母應採用開明權威的管教方式，提升子女在生活適應、社會適應、自尊、偏差行為及學業成就的表現。

（三）繼父母應同時參與子女管教，重視子女的反應回饋，並把握一致性的原則。

（四）學校及教師應適時支援繼父母，教導繼父母保持理智、耐心，提供建立良好親子關係的方法。

（五）學校可安排設計多樣的親子活動，例如親子共遊、共讀等，但要注意避免標記並保持家長隱私，在適當時機表達關心，或針對問題進行個別或團體輔導。

第五節　隔代教養家庭的親職教育

一、隔代教養家庭的定義

隔代教養家庭又稱為隔代家庭或祖孫家庭，是指子女因各種因素無法與父母同住，而是與祖父母共同生活，由祖父母代替父母擔負起照顧

及教養子女的責任。隔代教養家庭有廣狹兩義，說明如下：（王鍾和，2009）

（一）狹義

由祖父母全部負擔孫子女照顧及教養責任，父母很少或沒有履行親職教育的責任。

（二）廣義

祖父母運用部分時間負擔孫子女照顧及教養責任，例如三代同堂家庭，或夜間父母、週末父母的情形。

二、隔代教養家庭的形成原因

形成隔代教養家庭的原因，大多起因於社會及個人因素，最常見的是父母親工作忙碌、離婚及喪偶，詳細內容說明如下：（王鍾和，2009）

（一）父母親工作忙碌，無暇教養子女。

（二）父親或母親一方死亡或離婚而形成的單親家庭，請求祖父母協助。

（三）父母親身體健康發生重大疾病。

（四）父母親有沈重的經濟負荷，或為躲避債務。

（五）父母親遠赴外地或國外工作，子女待在國內。

（六）父母親心性未定，缺乏照料子女意願或惡意遺棄子女。

（七）父母親精神耗弱、身心異常、犯罪服刑或未婚產子。

（八）父母親工作地點附近無適當的托育服務機構。

（九）因異國婚姻或外籍女性（如東南亞籍）結婚，而形成的新移民家庭。

三、隔代教養家庭的管教方式

王鍾和（2009）提出，以「要求」（嚴格規定）和「回應」（含溫馨關愛、正向回饋、坦誠溝通）作為區分祖父母對孫子女管教方式的向度，可區分為四種方式，其中以第二及第三種方式最常見（見圖5）。

（一）開明權威：高要求、高回應的管教方式。

（二）寬鬆放任：低要求、高回應的管教方式，過度疼愛或不知如何管教，只關心孫子女是否開心。

（三）忽視冷漠：低要求、低回應的管教方式，對於照料孫子女意興闌珊或出自無奈。

（四）專制權威：高要求、低回應的管教方式。

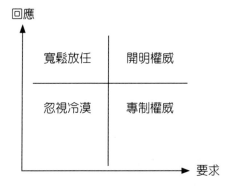

圖5　隔代教養家庭的管教方式

資料來源：王鍾和（2009）。

四、隔代教養家庭的困境及影響

隔代教養家庭常見的困境及影響，可分成祖父母與孫子女兩方面，說

明如下：（王鍾和，2009；陳玥，2004）

（一）祖父母方面

1. 祖父母的年紀偏大、體力不濟及文化刺激不足，對於管教孫子女有心無力。

2. 祖父母因為照料孫子女的責任，改變原先的工作、休閒及社交活動，易造成人際孤立，也因缺乏充足的休閒運動，導致身體健康欠佳。

3. 祖父母的教養觀念和技巧、對孫子女的身心發展及需求的認識，欠缺社會支援網絡，或無法跟得上時代變遷，容易產生代溝。

4. 祖父母與孫子女的年齡差距甚大，加上所處環境背景不同，容易有語言溝通障礙。

5. 祖父母雖有教養子女的豐富經驗，卻不見得能提供孫子女完善的生活照顧，尤其是課業指導或提供文化刺激。

（二）孫子女方面

1. 孫子女在情緒上易感失落、憤怒及害怕，缺乏對他人的信任感，拒絕接受他人的友善關愛，較難與祖父母建立良好關係。

2. 孫子女表現偏差行為的比例較高，這是因為祖父母比較無法強勢制止，只好視而不見、嘮叨或縱容。

3. 孫子女健康照護欠佳的情形較多，這是因為祖父母的經濟來源有限（大多依賴社會福利）。

4. 孫子女的學業表現比較低落，或在學校適應上經常出現問題，這是因為有些祖父母對缺乏現代知識或教育程度不足，較少參與學校舉辦的親師活動。

五、隔代教養家庭的親職教育實施

茲針對實施原則及方式，說明如下：（王鍾和，2009）

（一）管教子女的責任應回歸父母，祖父母只是協助的角色。

（二）祖父母應主動瞭解孫子女的想法和需求，多採用開明權威的管教方式，勿凡事依賴舊經驗，勿強制管教、嘮叨及溺愛。

（三）祖父母提供穩定的關愛及生活環境，多利用機會與孫子女建立良好的關係。

（四）祖父母應尋求社會資源協助，經常與學校教師保持聯絡、多參與親師活動，或請求社工人員的幫忙。

（五）祖父母對孫子女的照料勿事事代勞，要常保持健康的身體及愉快的心靈。

（六）祖父母之間要相互支援，各司其職並發揮互補的角色功能。

第六節　新移民家庭的親職教育

一、新移民家庭的定義

新移民家庭的形成背景及定義，說明如下：（吳俊憲、吳錦惠，2009）

（一）形成背景

國內自1970年代起，就已出現東南亞籍的女性嫁入臺灣，而迎娶這些女性的臺灣籍男性多半處於農業發展為主的地區或都市邊緣地區。1980年代以來，隨著臺灣與東南亞在經濟的往來日益頻繁，造成跨國通

婚的人數逐年快速增加。

（二）定義

目前社會上普遍將來自東南亞國家並與本國籍男子結婚的女性稱為「外籍新娘」，而將來自中國大陸的女性稱為「大陸新娘」，由於這樣的稱呼隱含文化歧視，因此現在多改稱為外籍配偶、新住民女性或新移民女性，而其婚生之子女則稱為新住民子女或新移民子女，其組成的家庭即稱為新移民家庭。

二、新移民家庭的困境及影響

新移民家庭的困境及影響，說明如下：（王鍾和，2009；吳俊憲、吳錦惠，2009；陳玥，2004；蕭朱亮，2005）

（一）隔代教養的型態居多

1. 新移民女性肩負教導子女的責任，受限於能力或必須外出工作等因素，造成新移民家庭以隔代教養的型態居多。
2. 隔代教養下，受到祖父母管教方式、親密感、教育程度及價值觀等因素影響，容易使新移民子女在學習及成長上產生不適應現象。

（二）新移民家庭的管教方式及影響

1. 新移民女性的教育期望會影響子女的行為表現，有些的管教方式採寬鬆放任或忽視冷漠，造成子女的偏差行為；有些則相當關心子女課業學習問題，督促子女良好的生活習性。
2. 新移民家庭的社經地位雖然較低，但父母親的支持性教養是子女最好的學習鷹架，包括適當的教育期望、開明權威的管教方式及增加親子互動時間等，結果子女的學校生活適應會越好。

（三）新移民子女的行為問題

1.生活適應方面

（1）在學校容易有適應不良的情形，包括內向害羞、依附行為強、缺乏自信、有暴力傾向等。

（2）可能出現無法遵守團體規範的現象，時常缺繳作業，生活自理能力較差。

2.學習適應方面

（1）課業學習進度比較緩慢，學習成就比較低落，尤其在注音符號拼音及口語表達方面。

（2）學業適應不良多發生在學前或國小低年級，數學的學習成果比較差，需加強認知科目的學習。

3.人際適應方面

（1）與同儕的互動較偏向自我中心，較少出現利他行為。

（2）負向社會行為的表現有偏高的傾向，容易與人發生爭執。

4.自我概念方面

（1）對父母雙方族群的認同度越高，自我概念也會越正向積極。

（2）對父母雙方族群的認同度越低，容易產生自卑情結。

三、新移民家庭的親職教育實施

茲針對實施原則及方式，說明如下：（王鍾和，2009；吳俊憲、吳錦惠，2009；陳玥，2004）

（一）健全的婚姻家庭生活，才能提供新移民子女一個安全溫馨的成長環境。

（二）教導新移民家庭成員適切的教育原理、知識、技能及親子溝通技巧，對子女的學習成就應有合理的期望，對其學業表現應時

常表達關心和鼓勵。

（三）新移民家庭已列為教育優先區中的補助對象，學校應優先讓新
　　　移民子女就讀公立幼稚園，並主動協助尋求社會資源。

（四）鼓勵新移民女性就讀補校或進修學校，熟悉我國語言文字及民
　　　俗文化。

（五）學校可開辦新移民女性的親職教育課程，學校教師可多進行家
　　　庭訪問，以瞭解新移民家庭的實際需求。

（六）新移民家庭成員在管教方式上，要採用一致性的作法。

（七）提升新移民家庭中父親對親職角色的認知與認同。

作者的叮嚀

1. 家庭的定義：（1）家庭是一個社會群體；（2）家庭成員的組成
   包含夫婦、父母、尊親屬、已婚或未婚子女等；（3）家庭是由
   兩個或兩個以上有血緣、婚姻或收養關係的人所組成的群體。

2. 家庭的類型：（1）核心家庭；（2）折衷家庭；（3）大家庭。

3. 家庭的功能：（1）性功能；（2）經濟合作功能；（3）生養育
   功能；（4）社會化功能。

4. 生親家庭的意義：是指兒童與親生父母住在一起的家庭。

5. 生親家庭父母常見的四種教養類型：（1）專制權威型；（2）寬
   鬆放任型；（3）開明權威型；（4）忽視冷漠型。

6. 開明權威型的管教子女方式：與子女建立明確的行為規準準則，
   並堅定要求遵守，鼓勵子女的個別性和獨立性，親子雙方有良好
   溝通。

7. 單親家庭的意義：是由一方父親或母親與其未婚子女（指18歲以
   下）所組成的家庭。

8. 形成單親家庭的原因：離婚、分居、喪偶、未婚生子及單親領養等，其中以離婚和分居者居多。

9. 繼親家庭的意義：是指單親後再婚的家庭，包括一方再婚或雙方都再婚，並至少有一方跟著前次婚姻所生的子女，共同組成的新家庭。

10. 隔代教養家庭的意義：又稱為隔代家庭或祖孫家庭，是指子女因各種因素無法與父母同住，而是與祖父母共同生活，由祖父母代替父母擔負起照顧及教養子女的責任。

11. 隔代教養家庭的形成原因：大多起因於社會及個人因素，最常見的是父母親工作忙碌、離婚及喪偶。

12. 新移民家庭的親職教育實施方式：（1）健全婚姻生活，提供子女一個安全溫馨的成長環境；（2）教導新移民家庭成員適切的教育原理、知識、技能及親子溝通技巧；（3）將新移民家庭列為教育優先區中的補助對象；（4）鼓勵新移民女性就讀補校或進修學校；（5）學校開辦新移民女性的親職教育課程；（6）新移民家庭成員管教方式要一致性；（7）提升新移民家庭中父親對親職角色的認知與認同。

自我測驗

1. 請說明家庭的定義、功能和類型。

2. 家庭的類型有核心家庭、折衷家庭及大家庭三種，請比較各自的優缺

點。

3. 生親家庭父母的教養類型主要有哪四種？

4. 開明權威型的父母管教子女方式為何？

5. 何謂單親家庭？面對單親兒童如何從事親職輔導？

6. 請說明單親家庭中，父母及子女有哪些需求。

7. 形成單親家庭的原因有哪些？

8. 以女性為主的單親家庭，最常遇到的家庭困境有哪些？

9. 單親家庭對子女可能產生的影響有哪些？

10. 請說明單親家庭親職教育實施的原則及方式。

11. 繼親家庭常面臨哪些問題？如何輔導繼親家庭的兒童，實施親職教育？

12. 繼親家庭對子女可能產生哪些影響？

13. 繼親家庭成員在情緒方面較常面臨的問題為何？

14. 請說明繼親家庭親職教育的實施方式。

15. 隔代教養家庭的形成原因為何？

16. 請說明隔代教養家庭親職教育的實施方式。

17. 隔代教養家庭常見的困境及對孫子女產生的影響為何？

18. 請說明國內新移民家庭形成的背景。

19. 對於外籍新娘、大陸新娘、外籍配偶、新住民女性或新移民女性的稱呼，你認為哪些隱含有文化歧視的概念，請提出自己的看法。

20. 為何新移民家庭以隔代教養家庭的類型居多？

21. 新移民子女在學業學習、生活適應、人際關係及自我概念

22. 名詞解釋：

　　（1）核心家庭

　　（2）折衷家庭（三代同堂家庭）

　　（3）聯合家庭（大家庭）

　　（4）生親家庭

　　（5）繼親家庭

（6）單親家庭

（7）隔代教養家庭

（8）新移民女性、新移民子女

歷屆考題精選

1. 試想一個中低收入貧困家庭的幼兒養育會面臨哪些問題？需要哪些親職教育方面的協助？【2003年原住民四等特考】

2. 面對日益增多的單親家庭，他們可能會有哪一方面的親職教育問題？保育人員又要如何去關照這些單親和他們的孩子，請舉例說明。【2004年原住民四等特考】

3. 針對外籍新娘與本土新郎組成的家庭日益增加，請列舉三類親職教育活動，可以協助上述家庭的幼兒保育。【2005年社工人員四等特考】

4. 何謂學習型家庭？對於家有幼兒的家庭，學習型家庭的目的是什麼？如何協助建立學習型家庭？【2005年社工人員四等特考】

5. 對有身心障礙孩子的父母，該如何實施親職教育，試說明之。【2009年原住民四等特考】

6. 在原住民的族群中，隔代教養家庭為常見之家庭型態，試問對他們要如何實施親職教育，才最有助於孩童身心健康的發展？【2009年原住民四等特考】

Chapter **6**

親師關係
與溝通

- ■父母與教師的角色
- ■家長參與的概念與類型
- ■親師合作的技巧

第一節　父母與教師的角色

父母親和教師在角色上的差異（見表13），說明如下：（陳玥，2004）

一、功能範圍不同

（一）父母：擴散而無限的

自子女一出生到成長，父母親必須扮演照顧及教養子女身心發展的角色，也包括協助子女作決策、社交關係及認知反應等。

（二）教師：特定而有限的

兒童入學後才開始接觸到學校教師，而教師大多以關心兒童在校的生活適應和課業學習情形為主。

二、情感強度不同

（一）父母：偏高度

父母親面對少數幾個子女，在情感上可以相當專注地關切子女的情緒和需求是否滿足。

（二）教師：偏低度

教師面對班上眾多的學生，在情感上較無法專注地關切到所有學生個別的情緒和需求滿足。

三、依附程度不同

（一）父母：長期的

父母親與子女的相互依附關係是持久的，這對子女的人格發展是相當重要的。

（二）教師：短暫的

教師誠摯的關心學生，但不會形成深度的依附關係，因為不同的教育階段會出現不同的教師。

四、理性介入不同

（一）父母：適度的非理性

由於父母和子女在情感上的距離太接近，面對子女出現不當行為時，常無法憑藉理性來清楚地分析形成原因。

（二）教師：適度的理性

由於教師在情感上和學生保有一定的距離，教師較能深思熟慮且客觀地剖析一個學生的能力及需求。

五、自發程度

（一）父母：適度的自發性

基於依附及情感的關係，父母經常依賴情感反應和行動，對子女採取

立即、直接的回饋方式。

（二）教師：適度的計畫性

基於理性的關係，教師比較能保持客觀且計畫性的處理學生之學習及行為問題。

六、偏愛性質

（一）父母：偏愛的

父母大多比較偏袒子女。

（二）教師：公平的

教師被期待對任何學生要秉持公平。

七、責任範圍

（一）父母：個別的

父母負責個別子女的生活照顧及需求滿足。

（二）教師：團體的

教師必須負責全班學生的學習及成長需求。

表13　父母與教師角色的差異

角色向度	父母親	教師
功能範圍	擴散而無限	特定且有限
情感強度	高度	低度
依附程度	長期的	短暫的
理性介入	適度的非理性	適度的理性
自發程度	適度的自發性	適度的計畫性
偏愛性質	偏愛的	公平的
責任範圍	個人的	團體的

資料來源：修訂自陳玥（2004）。

第二節　家長參與的概念與類型

　　親師合作是親職教育的最高境界，而親師合作的任務在於鼓勵家長參與（郭靜晃，2009）。家長參與（parental participation）是指家長主動參與學校及班級事務，而親師合作（parental involvement）是指學校及教師運用家長參與的互動，將課程教學延伸至家庭中，目的有三：一來可以獲得更多的教學資源，二來讓家長有機會參與並瞭解子女的學習情形，三來可以幫助家長建立正確的親職教育觀念及作法。

一、法令上的意義

（一）民法第1084條規定：「父母對於未成年之子女，有保護及教養之權利義務。」

（二）教育基本法第8條第3項規定：「國民教育階段內，家長負有輔導子女之責任；並得為其子女之最佳福祉，依法律選擇受教

　　育之方式、內容及參與學校教育事務之權利。」

　　基於此，家長除了負有教養子女的權利義務，也有參與校務的權利，表達家長於校務發展的意見（顏國樑，2010）。

二、實務上的運作

　　茲針對廣義的家長參與及家長參與的目標，說明如下：（郭靜晃，2009）

（一）廣義的家長參與

　　由完全被動到積極主動的角色，說明如下：

1. 學校提供父母資訊、服務、情感支持及建議，協助父母扮演恰當的角色。
2. 家長為學校募款、宣傳、提出建言及蒐集資訊等。
3. 家長在家中個別教導子女，學習學校課程延伸的事物。
4. 家長和學校共同推動與親職教育及課程教學相關的活動。

（二）家長參與的目標

1. 提供家長與學校之間的溝通管道。
2. 分享及交換訊息，建立親師關係。
3. 提供家長個人、社會及情感支持。
4. 增進合作關係，具有一致性目標。
5. 強化家長的角色及家庭功能發揮。
6. 提供家長教育及訓練的有效途徑。

三、家長參與的原則

家長參與教學的原則，說明如下：（郭靜晃，2009）

（一）瞭解教師自己對家長參與的期望。

（二）瞭解家長參與的觀點及歷程發展。

（三）評估教師自己對家長參與的態度。

（四）教師要找到接納家長差異的方法。

（五）教師在過程中要確立角色和定位。

（六）教師要對父母親傳達正確的訊息。

（七）教師提供家長強化親職知能策略。

四、家長參與的優缺點

家長參與的優缺點，說明如下：（郭靜晃，2009）

（一）優點

1.兒童可以提高自我價值感、增加在校學習安全感及學習成就。

2.父母可以獲得教養知能、社會支持及提高身為父母的自尊。

3.教師可以瞭解家庭狀況、師生相處之道及增進教學興趣。

（二）缺點

1.父母擔心教師提供教養的專業術語及理論太過艱澀。

2.父母害怕教師只會對子女有負向的批評，有標籤效應。

3.家長出席率過低，且很多該來的都沒有來。

4.教師的同理心不足，面對不同家庭社經背景的家長無法一視同仁。

5.雙方的期待有落差，而影響親師合作的意願。

6.其他因素阻礙雙方溝通，如：時間無法配合、工作太忙碌及經驗不

足等。

五、家長參與的類型

家長參與的類型，說明如下：（黃德祥，2006）

（一）教養型

學校及教師協助家長如何教養子女，包括認識兒童及青少年的發展，提供子女健康成長的環境。

（二）溝通型

學校及教師與家長討論課程教學及班級經營，以增進雙向溝通。

（三）志願服務型

學校及教師將家長人力資源組織起來，並施以訓練，支援學校推展教育活動。

（四）在家學習型

學校及教師協助家長與兒童的居家學習活動，例如家庭作業。

（五）參與決策型

學校及教師邀請家長代表參與學校及班級決策事務，例如校務會議、親師會等。

（六）社區互助型

整合學校教師、學生、家長及社區資源，資源共享並為社區提供服務。

第三節　親師合作的技巧

一、親師溝通的原則

　　親師溝通與合作之目的，在於交換及分享意見、訊息、觀念，以增進彼此瞭解、建立共識。因此，在推廣親師合作之前，學校及教師必須先培養良好的人際溝通技術及口語應對能力，以達成親師溝通目的，可掌握的原則說明如下：（陳玥，2004）

（一）表現主動積極的態度

1.學校及教師應在開學初，主動透過各種管道（書面、電話或網路）與家長聯絡，讓家長明瞭教師的教學理念及教學方式，以建立彼此的信任感。

2.教師要主動提供親職訊息給家長。

（二）運用同理心及傾聽策略

1.教師要設身處地瞭解家長教養子女的辛勞，面對來自不同社經背景的家庭，要一視同仁的溝通、感同身受。

2.教師應培養積極傾聽的溝通技巧，營造良好的溝通氛圍。

（三）真誠、開放與尊重

1.教師出自真誠關心學生，採取開放與尊重的心態與家長溝通。

2.教師與家長溝通時，給予高度的關懷和鼓勵，家長自然會主動與教師合作。

（四）理性溝通

1.教師與家長雙方討論問題時，能「就事論事」，共同解決問題。
2.雙方秉持支持、協助、合作及同理心建立共識，推展班級事務，建立多元化的親師合作網絡。

（五）明確合理

1.雙方溝通的過程，語意、目的及內容必須符合明確和合理的原則。
2.雙方須針對討論的主題內容，共同提出溝通行動的具體實施策略。

（六）雙贏策略

1.雙方溝通的過程，教師運用雙贏策略，讓家長主動提出解決問題的方法，並擔負解決問題的責任。
2.教師善用家長的資源與專長知能，以達到教學目標。

二、親師合作的技巧

親師合作的技巧，說明如下：（黃德祥，2006）
（一）學校提供書面的親職教育計畫。
（二）學校事先發布或提供相關訊息。
（三）學校招募家長前應安排說明會。
（四）家長參與前應施以講習或訓練。
（五）採團體多數決的家長參與模式。
（六）家長團體應定期召開會議討論。
（七）家長參與表現良好應給予表揚。
（八）善用家長人力資源做任務分工。

三、建立以家庭為本位的親師合作

　　親師之間的溝通與合作是雙向的，彼此共享資訊，相互學習對兒童及青少年最有利的事物。強化以家庭為本位的親職教育方案或作法，說明如下：（郭靜晃，2009）

（一）家長教育課程

　　以家為本，教導家長有關兒童發展與成長、育兒實務及理家技巧等。

（二）家長支援系統

　　學校提供家長社會性的支持，包括資訊及情感支持，來影響家長教養子女的作法。

（三）以家庭為中心的幼兒課程

　　以社區為基礎，教育家長成為具有兒童照護能力的人。

（四）家庭集會

　　舉辦家庭集會式的研習，提供家長感興趣的主題活動，例如親子共讀或共遊等，增進親子互動。

（五）家長委員會

　　教師具有教育專業知識，但也要授權給家長有參與學校政策及班級事務的決定。

（六）親師團體合作

　　由教師召集家長團體，協助推動班級事務及親職教育課程。

（七）辦理公關活動

舉辦教學參觀日、戶外教學、慶祝節日、寄發通知單及邀請函等。

作者的叮嚀

1. 親師合作是親職教育的最高境界，而親師合作的任務在於鼓勵家長參與。

2. 家長參與是指家長主動參與學校及班級事務，而親師合作是指學校及教師運用家長參與的互動，將課程教學延伸至家庭中。

3. 家長參與教學之目的：（1）獲得更多的教學資源；（2）家長有機會參與並瞭解子女的學習情形；（3）幫助家長建立正確的親職教育觀念及作法。

4. 民法第1084條規定：父母對於未成年之子女，有保護及教養之權利義務。

5. 教育基本法第8條第3項規定：國民教育階段內，家長負有輔導子女之責任；並得為其子女之最佳福祉，依法律選擇受教育之方式、內容及參與學校教育事務之權利。

6. 家長參與的優點：（1）兒童可以提高自我價值感、增加在校學習安全感及學習成就；（2）父母可以獲得教養知能、社會支持及提高身為父母的自尊；（3）教師可以瞭解家庭狀況、師生相處之道及增進教學興趣。

7. 家長參與的缺點：（1）父母擔心教師提供教養的專業術語及理論太過艱澀；（2）父母害怕教師只會對子女有負向的批評；（3）家長出席率過低；（4）教師面對不同家庭社經背景的家長無法一視同仁；（5）親師雙方的期待有落差而影響合作意願；

（6）時間無法配合、工作太忙碌及經驗不足。

8. 家長參與的類型：（1）教養型；（2）溝通型；（3）志願服務型；（4）在家學習型；（5）參與決策型；（6）社區互助型。

9. 親師溝通與合作之目的：親師交換及分享意見、訊息、觀念，以增進彼此瞭解、建立共識。

10. 親師溝通與合作的原則：（1）表現主動積極的態度；（2）運用同理心及傾聽策略；（3）真誠、開放與尊重；（4）理性溝通；（5）明確合理；（6）雙贏策略。

11. 以家庭為本位的親師合作：親師之間的溝通與合作是雙向的，彼此共享資訊，相互學習對兒童及青少年最有利的事物。

12. 以家庭為本位的親職教育方案：（1）家長教育課程；（2）家長支援系統；（3）以家庭為中心的幼兒課程；（4）家庭集會；（5）家長委員會；（6）親師團體合作；（7）辦理公關活動。

自我測驗

1. 請說明父母親和教師在角色上的差異。
2. 請說明家長參與的意義。
3. 家長參與教學有哪些優點？哪些缺點？
4. 家長參與的類型有哪些？
5. 家長可能提供哪些方面的資源？
6. 請說明親師會議的準備工作及原則。
7. 親師合作的主要類型為何？技巧的運用有哪些？

8. 請說明親師溝通與合作的原則。

9. 請說明家長參與教學的角色及功能。

10.「以家庭為本位」的親師合作，請說明其意義及作法。

11. 名詞解釋：

　　（1）依附

　　（2）標籤效應

　　（3）家庭集會

歷屆考題精選

1. 家庭教育與學校教育應如何密切配合，以達到親職教育的目的？【2003年社工人員四等特考】

2. 請說明幼稚園或托兒所推動親師合作的好處，並提出可能的實施技巧。【2003年原住民四等特考】

3. 保育人員可能會面臨到孩子的家長和老師之間的衝突，假設他們因照顧孩子的觀念不同而引起爭執，你會如何處理，以增進親師溝通？【2004年原住民四等特考】

4. 何謂「家長參與」？鼓勵家長參與孩子的教保活動之理由有哪些？【2004年公務人員四等特考】

Chapter 7

親子關係與溝通

本章學習重點

■親子關係的意義與重要性

■親子溝通的障礙

■有效親子溝通的方式

第一節　親子關係的意義與重要性

一、親子關係的定義與特性

親子關係（parent-child relations）是指父母與子女互動所構成的人際關係，是個人一生當中最早接觸到的人際關係，對個人的身心及人格發展之影響最為深遠。其特性說明如下：

（一）基於血緣關係，與生俱來。

（二）一旦形成，具有永恆性。

（三）親子互動依靠親情維繫。

（四）不同於一般人際關係，對子女人格陶冶具有影響力。

二、親子關係的重要性

親子關係的重要性，說明如下：（陳玥，2004；張春興，2008；黃維齡，2002）

（一）影響子女生理健康

成長中的子女需要父母提供足夠的生理需求的滿足及不虞匱乏的安全感，才能在智力、語言、情緒及身體上獲得正常發展。

（二）影響子女心理發展

良好的親子關係，可以幫助子女建立自尊自信的人格，培養正向積極的行為，並影響子女的價值觀。

（三）影響子女成就表現

父母可以啟發子女的學習態度及動機，並進而影響學業成就上的表現。

（四）影響子女行為表現

青少年問題乃起因於家庭，顯現於學校，惡化於社會。不良行為的學生大多來自親子關係不和諧的家庭，足見親子關係和個人行為關係密切。

（五）成為社會安定的基礎

家庭中培養良好的親子關係，是安定社會的基石，也是社會進步的來源。

第二節　親子溝通的障礙

一、影響親子關係的要素

影響親子關係的要素，說明如下：（黃維齡，2002）

（一）父母的身心狀況及夫妻關係

1.父母身體健康，能陪同子女參與各項活動。
2.父母人格健全、情緒穩定，能給予子女關愛。
3.夫妻關係融洽，能扮演良好的父母角色。

（二）子女的身心狀況及特質

1.身體與智力正常發展的子女，擁有良好的親子關係。

2.子女氣質及情緒穩定，會影響父母的心理感受。

（三）環境支持系統

1.學校及教師提供家長情緒及社會人際上的支持。

2.學校及教師提供工具上的幫助，包括教養資訊及家務管理等。

二、親子溝通的障礙

形成親子溝通障礙的原因，說明如下：（黃維齡，2002）

（一）發生障礙的原因

1.親子之間因為成長文化背景的不同，產生信念與價值觀的差異。

2.父母不瞭解子女身心發展階段特質，用錯誤的方式來教養子女。

3.父母無法以身作則或言行不一致，導致子女不再服從信任父母。

4.父母缺乏良好的傾聽與溝通技巧，導致傳遞訊息的管道不暢通。

5.親子的心理生活、行為模式及思想習慣的不同，發生衝突代溝。

（二）不恰當的溝通角色

一般父母通常會扮演下列7種傳統角色，結果導致親子溝通無法順暢：（王鍾和，2009；鍾思嘉，2005）

1.指揮官角色

有些父母高高在上，經常命令指使子女，即使子女遭遇困境或情緒不佳時，仍是採用命令語氣想要來消除子女不悅的情緒，結果造成子女心靈威脅，扼殺表達的勇氣。

2.道德家角色

有些父母很愛採說教方式來勸導子女什麼可以做、什麼不能做,讓子女覺得父母很嘮叨。

3.萬事通角色

有些父母自認為無事不知、無所不能,總是出面替子女解決所有問題,造成子女無形的壓力。

4.法官角色

有些父母喜歡扮演仲裁是非的角色,經常評價子女的行為,甚至批評子女的情緒。

5.批評者角色

有些父母標榜自己永遠是對的,經常使用嘲笑、諷刺、開玩笑及貼標籤方式來管教子女,造成親子間的鴻溝,也傷害子女的自尊。

6.心理學家角色

有些父母就像心理學家一樣,善於發覺子女的問題,經過分析和判斷後會告訴子女問題所在,但卻常將問題歸因於子女身上。

7.安慰者角色

當子女遇到問題或情緒困擾時,有些父母偏愛對事診斷、分析和詢問,卻沒有真正參與子女困擾問題的處理和解決。

第三節　有效親子溝通的方式

一、親子溝通的型態

一般來說,親子溝通可區分為理性型、感情型及平衡型3種,說明如下:(陳玥,2004)

（一）理性型：單向溝通

父母有絕對的權威，子女只有服從，沒有申辯的機會。

（二）感情型：單向溝通

父母過分縱容，討好子女，是過分感情用事、缺乏理智的方法。

（三）平衡型：雙向溝通

親子間能自然表達個人感覺和思想，彼此互相敬愛與接納。

從以上衍生，包姆林（Baumrind）將父母管教子女的類型大致區分為寬容溺愛型（permissiveness）、獨斷型（authoritarian）、威信型（authoritative），這3種類型的父母管教方式不但會影響到親子溝通，也會直接或間接對子女行為發展產生影響（見表14），說明如下：（邱書璇等人，1998）。

（一）寬容溺愛型

父母接納子女一切行為，很少懲罰；過度疼愛，放任或忽視子女的不良行為；管教規範不清楚或不一致。容易使子女行為成為自我中心、缺乏自信、自我控制力差、情緒不穩定、生活漫無目標、具攻擊性、依賴心重、低成就。

（二）獨斷型

父母會設定絕對的標準來評價子女的行為；重視權威及服從、講求紀律及秩序；不鼓勵子女表達個人意見。容易使子女成為衝動易怒、懦弱、依賴心重、嚴肅、對人缺乏信任。

（三）威信型

父母常會訂定合理的規範及準則，並貫徹執行；鼓勵子女表現獨立及個性；親子間採開放溝通，給予子女溫暖及接納。容易使子女具有友善、信任、高成就、敢於表現自我、獨立自主及社交能力佳。

表14 父母溝通及管教型態對子女行為的影響

父母類型	溝通方向	父母行為模式	子女行為影響
寬容溺愛型	單向溝通	1.接納子女一切行為，很少懲罰。 2.過度疼愛，放任或忽視子女的不良行為。 3.管教規範不清楚或不一致。	自我中心、缺乏自信、自我控制力差、情緒不穩定、生活漫無目標、具攻擊性、依賴心重、低成就。
獨斷型	單向溝通	1.設定絕對的標準來評價子女的行為。 2.重視權威及服從、講求紀律及秩序。 3.不鼓勵子女表達個人意見。	衝動易怒、懦弱、依賴心重、嚴肅、對人缺乏信任、易被干擾。
威信型	雙向溝通	1.訂定合理的規範及準則，並貫徹執行。 2.鼓勵子女表現獨立及個性。 3.親子間採開放溝通，給予子女溫暖及接納。	友善、信任、高成就、敢於表現自我、獨立自主、社交能力佳。

資料來源：本書自行整理。

二、良好親子溝通的原則

邱珍琬（2005）認為，「溝通」（communication）一詞其實已包含許多溝通原則。C（conscious effort）代表有意識的學習溝通技巧，O（openness）代表開放的思想及態度，M（mutural process）代表雙向平等的交流互動，M（message）代表訊息的表達，U（unique individual）

代表尊重每個人都是獨特個體，N（need）代表溝通要瞭解自己及他人的需求，I（interpretation）代表每個人的觀點詮釋因為經驗和成長背景而有所不同，C（context）代表溝通內容及情境都要注重，A（acceptance）代表接納他人意見，T（tolerance）代表容忍別人的意見與自己不同，I（ingenuity）代表出自真誠溝通，O（observation）代表敏銳的觀察力，N（non-judgmental attitude）代表不要心存成見或批判。

良好親子溝通的原則，說明如下：（陳玥，2004；黃德祥，2006）

（一）建立良好的家庭氣氛

家庭功能失調，對於學齡前兒童而言，常會變得焦躁不安、情緒不穩、睡眠障礙、惡夢、夜尿退化等；學齡兒童則有哭泣、上課精神不集中、成績退步、退縮、易怒、失眠或打架等行為表現。父母要提供子女一個和諧家庭，首先，必須培養親子之間的信任關係。其次，可以安排親子或家庭活動，例如一起用餐、出遊、拜訪親友等，以增強家庭的歸屬感。

（二）提供學習與溝通場所

為促進親子間的感情交流，父母可以安排良好的學習環境，例如陪讀、指導課業、教導良好習慣等，讓子女處在一個安全無威脅的家庭環境中。

（三）深入且全面瞭解子女

父母要瞭解子女是獨立的個體，不是父母的附屬品，與子女溝通要瞭解子女的個別差異，包括身體狀況及心智發展、身體狀況，才能因材施教。

（四）期待要配合子女能力

父母不應對子女的期待過高，因為子女的氣質和智能與先天因素有

關，一旦期待差距過大要設法調整，以促進子女心理的健全發展。

（五）愛護子女並加強溝通

父母適時表達自己愛護子女的心意。親子溝通除了增進親子相互瞭解外，也促使子女學會如何尊重別人、雙向溝通。

三、良好親子溝通的方式

親子關係影響子女的身心發展甚鉅，良好親子溝通的方式說明如下：（陳玥，2004；郭靜晃，2009；鍾思嘉，2004；黃維齡，2002）

（一）民主開明的管教方式

提供子女表示想法和意見的機會，鼓勵子女為自己的行為解釋，多陪伴子女談心聊天，並允許子女參與家庭重要計畫或活動的討論。

（二）暢通的親子溝通管道

父母與子女的溝通，平時要以身作則、態度誠懇，溝通管道除口語表達外，也可利用多元的方式。

（三）瞭解子女的身心發展

子女在不同的身心發展階段都有不同的成長需求，父母與子女溝通時應顧及身心成熟度，使用適當的言語及態度表達。

（四）善用親子溝通的技巧

親子互動要以理智的態度看待，以事實為根據，不意氣用事。良好的親子溝通來自良好的溝通技巧，包括有：

1.反映傾聽

傾聽是瞭解的開始，傾聽表示尊重對方。父母除了一面傾聽外，也要有所回饋，反映孩子的感受，充分表達父母能同理和瞭解子女。

2.我訊息

我訊息的技巧乃強調對子女「行為」本身的感受，並非對自己或子女「個人」的感受。父母常會使用帶有貶抑子女的「你訊息」來溝通，反而令子女產生氣憤、受傷、不安及缺乏自我價值感。

3.問題所有權

父母對待子女無微不至的照顧，又缺乏適當的規範和管教，養成子女不良習慣與行為。因此在處理問題上，一方面父母要自我反省，另一方面要讓子女明瞭問題在自己身上，讓子女處理及解決自己的問題。

4.開放式的反應

開放式的反應及溝通乃是一種父母與子女的訊息交換，父母採取開放式的反應會讓子女產生被瞭解及被尊重的感受，如此一來，增加與父母溝通的意願。

5.尋求問題解決方法

親子溝通一旦發生衝突，透過討論並尋求問題解決之道，彼此之間學習相互配合與合作。常見的步驟有六：

（1）找出問題癥結點。

（2）說出父母的意見前，先讓子女提出自己的看法。

（3）評估所有提出的意見和看法。

（4）選擇一個最好的解決方法。

（5）決定執行的時間，並共同承諾願意解決問題。

（6）經常回顧檢視，修正解決方法。

6.多用鼓勵代替稱讚

鼓勵與稱讚都是針對子女的良好表現而給予回饋，但兩者是有區別的（見表15）。鼓勵的原則及策略說明如下：

（1）鼓勵的原則
　　①真誠的接納子女的行為。
　　②積極幫助子女建立信心。
　　③重視子女自己進步情形。
　　④肯定子女先天潛能發揮。
　　④避免說出沮喪負面言語。
（2）鼓勵的策略
　　①賦予子女為自己行為負責。
　　②給予子女分擔家務的責任。
　　③接納子女提出個人的看法。
　　④尊重子女自己的判斷決定。
　　⑤接納子女能從錯誤中學習。
　　⑥重視子女努力過程和進步。
　　⑦發掘子女的優點及創造力。
　　⑧對子女抱持積極正向期望。

表15　鼓勵與稱讚的區別

鼓勵	稱讚
肯定子女自己的優點及長處	著重在與他人比較和競爭
強調內在動機	強調外在動機
重視子女努力的過程	重視子女努力的結果
父母不對子女做任何價值判斷	父母希望子女達到期望的目標
著重子女的自我激勵及潛能發揮	著重子女表現出好行為以取悅他人

資料來源：本書自行整理。

7.召開家庭會議

家庭會議的意義、重要性及實施注意要點，說明如下：

（1）家庭會議的意義

家庭會議是民主時代的產物，不僅可以增進親子關係，更可以凝聚家庭成員的情感及共識。

（2）家庭會議的重要性

　　①溝通家人意見並達成協議。

　　②子女學習如何計畫作決定。

　　③透過會議解決家庭的衝突。

　　④透過會議來公平分擔家事。

　　⑤提供表達心聲想法的管道。

　　⑥學習社會經驗及尊重他人。

（3）家庭會議實施的注意要點

　　①重視家人意見溝通，而非教導正規的議事規則及程序。

　　②家庭會議的召開、時間和地點的決定，由家人一起決定。

　　③父母要避免成為「仁慈的獨裁者」或操縱會議幕後的黑手。

　　④父母要鼓勵子女勇於提出質疑，或是想要討論的意見。

　　⑤會議要避免成為抱怨及發牢騷大會。

　　⑥不是所有家庭決定事項都會交付家庭會議。

　　⑦無法達成協議時，父母可提出暫時性結果或採投票決議。

　　⑧有家人違反決議，父母可採自然且合理的行為結果來處理。

四、親子關係的治療方法

一旦親子關係不和諧，想要改善親子關係，除了要瞭解問題癥結點並尋求解決之道外，有時候必須針對問題的獨特性尋求適當的治療方法，才能獲得改善，茲針對個別治療及家族治療說明如下：（陳玥，2004）

（一）個別治療

1.以父母為治療對象

子女的問題多半來自父母，與管教子女的方式及態度有關，除了個別的治療外，也可採多個家庭的團體治療。若是牽涉到情緒層面的治療，通常需要心理學家、輔導學家、臨床心理學家及精神醫學家等提供專業性的服務。

2.以子女為治療對象

親子關係不和諧，除了從父母方面謀求對策，也要針對子女提出方法，尤其當父母無法改善時，則有必要針對子女進行諮商或治療，例如採專業的遊戲治療。

（二）家族治療

親子關係的問題有時常導因於家庭成員相互間的問題，因此，唯有從治療全體家庭成員才能有效。一般的家族治療與團體諮商的方式相近，家庭中的所有成員自由表達自己的意見，也傾聽他人的意見，透過充分的溝通，達到積極面對問題、解決問題的效果。

作者的叮嚀

1.親子關係的意義：是指父母與子女互動所構成的人際關係，是個人一生當中最早接觸到的人際關係，對個人的身心及人格發展之影響最為深遠。

2.親子關係的特性：（1）基於血緣關係；（2）具有永恆性；（3）依靠親情維繫；（4）對子女人格陶冶具有影響力。

3.良好的親子關係對子女的影響層面：（1）生理健康；（2）心理

發展；（3）成就表現；（4）行為表現。

4.影響親子關係的三項要素：（1）父母的身心狀況及夫妻關係；
　（2）子女的身心狀況及特質；（3）環境支持系統。

5.不恰當的親子溝通角色：（1）指揮官；（1）道德家；（1）萬
　事通；（1）法官；（1）批評者；（1）心理學家；（1）安慰
　者。

6.有效親子溝通的型態：理性型、感情型及平衡型三種。

7.包姆林（Baumrind）提出父母管教子女的三種類型：寬容溺愛
　型、獨斷型及威信型。

8.良好親子溝通的原則：（1）建立良好的家庭氣氛；（2）提供學
　習與溝通場所；（3）深入且全面瞭解子女；（4）期待要配合子
　女能力；（5）愛護子女並加強溝通。

9.良好親子溝通的方式：（1）民主開明的管教方式；（2）暢通的
　親子溝通管道；（3）瞭解子女的身心發展；（4）善用親子溝通
　的技巧。

10.反映傾聽：（1）傾聽是瞭解的開始，傾聽表示尊重對方；
　（2）父母除了一面傾聽外，也要有所回饋，反映孩子的感受，
　充分表達父母能同理和瞭解子女。

11.我訊息：強調對子女「行為」本身的感受，並非對自己或子女
　「個人」的感受。

12.問題所有權：父母對子女問題的處理，一方面父母要自我反
　省，另一方面要讓子女明瞭問題在自己身上，讓子女處理及解
　決自己的問題。

13.開放式的反應：是指一種父母與子女的訊息交換，父母採取開
　放式的反應會讓子女產生被瞭解及被尊重的感受。

14.親子溝通中，尋求問題解決方法的步驟：（1）找出問題癥結

點：（2）先讓子女提出自己的看法；（3）評估所有提出的意見和看法；（4）選擇一個最好的解決方法；（5）共同承諾願意解決問題；（6）經常回顧檢視，修正解決方法。

15.鼓勵的原則：（1）真誠的接納子女的行為；（2）積極幫助子女建立信心；（3）重視子女自己進步情形；（4）肯定子女先天潛能發揮；（5）避免說出沮喪負面言語。

16.鼓勵的策略：（1）賦予子女為自己行為負責；（2）給予子女分擔家務的責任；（3）接納子女提出個人的看法；（4）尊重子女自己的判斷決定；（5）接納子女能從錯誤中學習；（6）重視子女努力過程和進步；（7）發掘子女的優點及創造力；（8）對子女抱持積極正向期望。

17.家庭會議的意義：它是民主時代的產物，不僅可以增進親子關係，更可以凝聚家庭成員的情感及共識。

18.親子關係治療的意義：親子關係不和諧，想要改善親子關係，除了要瞭解問題癥結點並尋求解決之道外，有時候必須針對問題的獨特性尋求適當的治療方法，才能獲得改善。

19.親子關係治療的方法：（1）個別治療；（2）家族治療。

自我測驗

1. 請說明親子關係的意義及特性。

2. 如何建立良好的親子關係？

3. 你認為親子關係與一般的人際關係有何不同？

4. 影響親子溝通障礙的因素有哪些？

5. 不恰當的親子溝通角色有哪些？

6. 父母管教態度如何影響子女的成長與發展？

7. 父母教養子女的態度容易產生哪些偏差現象？

8. 包姆林（Baumrind）將父母管教子女的類型區分為寬容溺愛型、獨斷型及威信型，請說明內容及其對親子溝通的影響。

9. 現代父母普遍存在哪些態度，會影響子女的社會適應產生困擾？

10. 請比較積極的管教與消極的管教兩者的差異。

11. 現代父母如何表現對子女的愛與關懷？

12. 父母親的管教態度應如何配合，以避免產生不一致？

13. 如何解決親子間價值衝突的問題？

14. 請說明親子關係的重要性及其對子女的影響。

15. 親子之間如何建立良好的溝通管道？

16. 請比較鼓勵與稱讚的差異，並說明鼓勵的原則及策略。

17. 你認為獎懲是父母管教子女的好方法嗎？

18. 請說明如何召開家庭會議？

19. 家庭會議實施的注意事項有哪些？

20. 何謂親子關係治療？如何進行個別治療？如何進行家族治療？

21. 名詞解釋：

　　（1）反映傾聽

　　（2）我訊息

　　（3）問題所有權

　　（4）家庭會議

　　（5）個別治療

　　（6）家族治療

　　（7）遊戲治療

歷屆考題精選

1. 試說明「家庭會議」的意義、重要性,及其實施時應注意要點?【2003年社工人員四等特考】

2. 有哪些因素可能影響父母管教子女的方式?【2003年公務人員四等特考】

3. 親職教育非常重視親子溝通的態度和技巧,而其中以「積極傾聽」為基礎,請列點敘述積極傾聽的非語言和語言之態度或技巧。【2004年原住民四等特考】

4. 一些父母親對於孩子常有過高的期望,身為保育人員面對這些家長時要如何溝通,以幫助他們有較合理的期望,請敘述之。【2004年原住民四等特考】

5. 何謂血緣親子關係?試說明血緣親子關係的特性有哪些?【2004年公務人員四等特考】

6. 試述父母教養態度可分哪些類型?各類型對子女的影響為何?【2004年公務人員四等特考】

7. 根據Baumrind（1966）的分類,父母管教子女態度大致可分為寬容溺愛型、獨斷型、威信型。請就這三類型的父母管教態度分析其子女可能的行為發展。【2010年原住民四等特考】

8. 促進親子溝通建立親子關係,最基本的是「傾聽」技巧,父母親在與子女溝通時,應如何傾聽子女的心聲?【2005年社工人員四等特考】

9. 在管教過程中,當孩子表現出合乎期望的行為時,給予獎勵為常採用的回饋方式,惟近年來許多親職教育專家們卻認為鼓勵的作法更好,試討論這兩種作法理念與施行上的差異。【2009年原住民四等特考】

10. 當兩代之間（母女或婆媳）或夫妻之間為管教子女有不一致的作法時,對子女身心發展會帶來何種的影響?身為保育人員該如何介入或輔導?【2009年原住民四等特考】

11. 如果說「聆聽」、「表達」、「讚美」、「表達負向意見與感受」是有效的親子溝通技巧，你如何向家長說明這四項溝通技巧的原則？請各舉一實例說明之。【2010年原住民四等特考】

Chapter **8**

兒童特殊
行為的處
置與預防

本章學習重點

■兒童特殊行為及原因

■兒童問題行為的預防原則
　與方法

第一節　兒童特殊行為及原因

一、兒童特殊行為的類型

兒童特殊行為通常又被稱為不良適應行為或偏差行為，包括反社會行為與非社會行為兩類，說明如下：（邱珍琬，2005；陳玥，2004）

（一）精神性的行為問題

例如罹患兒童精神分裂症或幼兒自閉症，行為已明顯的脫離現實，產生嚴重的心理病態。

（二）外向性的行為問題

出現違規犯過行為或反社會行為，例如逃學、離家、反抗、不守紀律、偷竊、欺負弱小（霸凌）等。

（三）內向性的行為問題

出現情緒困擾問題或非社會行為，例如畏縮、消極、被動、孤僻、做白日夢、過分依賴等。

（四）學業及生活適應問題

與智力無關的學習及生活困擾問題，例如學習低成就、不專心、考試作弊、投機取巧、偷懶、不合群等。

（五）焦慮症候的行為問題

由焦慮所引起的病症，通常源自環境壓力過大所致，例如遭遇困難

就緊張發抖、產生消化及循環系統的機能障礙（含嘔吐、腹痛、頭痛、心胸不適、全身無力感）、引起強迫性思考及行為，甚至表現出「歇斯底里症」。

（六）偏畸習慣的行為問題

常與人格發展不健全有關，例如吸吮拇指、咬指甲、口吃、偏食、尿床、嗑藥等。

（七）攻擊行為的問題

攻擊行為常以侵犯他人為樂，故意向對方表示威脅的行動，對社會具有破壞力，包括打架、凌虐、暴力、摔東西等。

二、兒童特殊行為的原因

造成兒童特殊行為的原因很多，說明如下：（邱書璇等人，1998；陳玥，2004）

（一）個人因素

1.生理因素：包括健康、長相、體型及身高等。
2.心理因素：負向情緒造成內心的空虛、焦慮及煩躁。
3.氣質因素：生活及人際的適應力差、挫折容忍力差、抗拒誘惑力差及衝突化解力差。

（二）家庭因素

1.親子關係不和諧，家庭氣氛不佳，子女缺乏精神及情感寄託。
2.管教方式太嚴苛或過度放任，逼迫子女欺騙或目中無人。
3.家長期望太高或太低，造成子女壓力、失去信心。

（三）學校因素

1.師生關係不佳，影響教學品質及師生互動。
2.同儕關係不佳，或交到壞朋友。
3.教材教法太艱深、僵化，無法引發學生學習意願及興趣，造成習得無助及挫折感。

（四）社會因素

1.媒體錯誤報導，造成價值觀的混淆。
2.幫派介入校園，造成學生中輟。
3.缺乏社交技巧，造成人際壓力及憂鬱。

（五）攻擊行為的因素

1.模仿而來：學習成人逞凶好鬥的行為。
2.意見不合：雙方堅持己見，發生打架及攻擊行為。
3.交友不慎：參加不良幫派，或受人唆使。
4.內分泌不平衡：導致情緒不穩定，容易激動。
5.長期壓抑：長期積壓委屈，因為一個導火線而爆發出來。
6.遷怒：藉故發洩情緒。

近年來國內校園霸凌事件頻傳，尤其發生在國中小階段，究其原因大多與家庭功能欠佳、家庭氣氛不良及家庭結構改變，造成霸凌者的人格及行為產生扭曲，喜歡指使他人、崇拜暴力、反學校及恃強欺弱，受害者則出現失眠、尿床、頭痛、焦慮、沮喪及不敢去學校。如何處理霸凌行為，必須社會、學校及家庭三方面密切合作，可以從親職教育著手，找出一套預防及矯治的有效方法（邱珍琬，2005）。

第二節 預防原則與方法

一、預防原則

預防勝於治療，兒童特殊行為的預防原則說明如下：（邱書璇等人，1998；陳玥，2004）

（一）瞭解與接納：設身處地為兒童著想。

（二）回饋與澄清：給予子女正向反應，並校正自己的管教方式。

（三）獎勵優於懲罰：獎勵要合理公平且因應個別差異。

（四）楷模示範：父母以身作則外，也可慎選具有示範作用的楷模。

（五）改變環境：提供良好的成長環境，包括軟體和硬體的改善。

二、預防方法

（一）注意兒童身心的養護

父母的身心不健全，可能會產下不健全的下一代，因此婚前最好可以做健康檢查。健康的心理寓於健康的身體，父母要隨時關注兒童的身體是否健康，才能維持情緒和行為正常。

（二）改善家庭及學校環境

兒童的人格發展與家庭環境息息相關，父母要營造合作及和諧的家庭氛圍，提供子女足夠的文化刺激。兒童入學後，學校環境設施及教師的指導都應幫助兒童獲得良好適應，以減少偏差行為的出現。

（三）培養良好的心理衛生

防止兒童特殊行為的發生，根本之道在於培養兒童心理衛生的習慣。積極方面要培養兒童與他人和睦相處，要誠實負責及樂觀合群；消極方面是兒童面臨困境時，要能不灰心並克服困難。

（四）根據原因決定輔導方針

矯正特殊行為必須「對症下藥」。父母及教師應瞭解行為背後的原因，再決定使用的輔導策略，要因人、因地、因時而制宜。

（五）認定行為標準並客觀視之

分辨兒童行為不應持成人立場，須以兒童所處社會生活中的行為標準或道德標準為依歸。輔導兒童必須恪遵客觀態度，避免主觀判斷。

（六）預防勝於治療

防止問題的發生，比起事後的補救來得有效果。因此，父母基於教養責任，應提高敏銳度，隨時留意可能出現的問題，及早發現及早處理，才能預防或遏止問題的發生及惡化。

作者的叮嚀

1. 兒童特殊行為的意義：有時又稱為不良適應行為或偏差行為。
2. 兒童特殊行為的類型：（1）精神性的行為問題；（2）外向性的行為問題；（3）內向性的行為問題；（4）學業及生活適應問題；（5）焦慮症候的行為問題；（6）偏畸習慣的行為問題；（7）攻擊行為的問題。

3. 兒童特殊行為的形成原因：（1）個人因素，含生理、心理及氣質因素；（2）家庭因素，含親子關係、家庭氣氛、管教方式及家長期望；（3）學校因素，含師生關係、同儕關係及教材教法；（4）社會因素，含媒體報導、幫派介入及社交技巧；（5）攻擊行為因素。

4. 引起兒童攻擊行為的可能因素：（1）模仿而來；（2）意見不合；（3）交友不慎；（4）內分泌不平衡；（5）長期壓抑；（6）遷怒。

5. 國中小發生校園霸凌的可能原因：家庭功能欠佳、家庭氣氛不良及家庭結構改變

6. 國中小校園霸凌者的人格及行為：愛指使他人、崇拜暴力、反學校及恃強欺弱。

7. 國中小校園霸凌的受害者可能的行為：失眠、尿床、頭痛、焦慮、沮喪及不敢去學校。

8. 國中小校園霸凌的處理方法：必須社會、學校及家庭三方面密切合作，從親職教育著手，找出一套預防及矯治的有效方法。

9. 預防兒童特殊行為發生的原則：（1）瞭解與接納；（2）回饋與澄清；（3）獎勵優於懲罰；（4）楷模示範；（5）改變環境。

10. 預防兒童特殊行為發生的方法：（1）注意兒童身心的養護；（2）改善家庭及學校環境；（3）培養良好的心理衛生；（4）根據原因決定輔導方針；（5）認定行為標準並客觀視之；（6）預防勝於治療。

自我測驗

1. 兒童常見的問題行為有哪些？父母如何針對問題行為實施親職教育？

2. 請說明兒童不良適應行為的類型有哪些，可以運用哪些輔導策略？

3. 兒童特殊行為有哪些類型？

4. 兒童特殊行為的形成原因為何？

5. 引起兒童攻擊行為的影響因素有哪些？

6. 國中小發生校園霸凌的可能原因為何？

7. 請說明國中小校園霸凌者的人格及行為。

8. 請說明國中小校園霸凌受害者可能的行為。

9. 國中小校園發生霸凌事件，應如何處理？

10. 名詞解釋：

(1) 霸凌

(2) 個別化教學計畫（individualized education program, IEP）

歷屆考題精選

1. 曉華是今年大班新生，來自單親家庭，母親是越南籍新住民，父親在曉華兩歲時車禍去世，母親目前擔任大樓清潔工，是家中的主要經濟支柱。相較於班上同年齡的孩子，曉華在語言表達能力上有嚴重落後的現象，此外，曉華的生活自理能力和社會行為上，都需要特別輔導，請問在為類似曉華的家庭規劃親職教育時，應該注意和強調哪些重點？請說明之。【2010年原住民四等特考】

Chapter 9

親職教育
實施的問
題與改進

本章學習重點

■親職教育實施的問題
■親職教育的改進之道

第一節 親職教育實施的問題

一、問題成因

親職教育作為兒童福利服務的第一道防線，其目的在於支持家庭功能，訓練有效能的父母，一方面確保家庭生活健全以達到有效管教子女的功能，另一方面幫助父母改善親子關係，防範未然也避免問題惡化。然而，親職教育實施下來，面臨許多問題，先針對問題形成原因說明如下：（王鍾和，2009）

（一）社會變遷、家庭功能不彰

當前社會變遷快速，家庭及人口結構變化很大，出現許多單親家庭、隔代家庭、特殊境遇家庭及新移民家庭等，加上父母雙方就業的情形相當普遍，導致原有的家庭功能未獲彰顯，父母對待子女的照顧日漸減少，因而衍生許多的兒童偏差行為及青少年問題。

（二）社會病態、親子關係改變

受到少子化、人口老化及移民婚姻日漸普及的影響，形成許多新的家庭型態，使得親子關係疏離。另外，社會病態因素的增加，父母教養子女的價值觀產生扭曲，或未能善盡父母職責，亟待重視。

（三）單親及非婚生子女人數增加

近年來離婚率持續升高，單親兒童人數增加快速。加上社會風氣開放，兩性交往頻繁及性行為年齡層的降低，造成未婚或非婚生子女的人數日益增多。如何使這些兒童受到良好的照顧及教育，乃成為社會的重要責任。

（四）親職教育成效不夠顯著

父母效能訓練是否能增強管教效果並促進親子關係，一直以來備受關注。有些學者採取人本觀點（如阿德勒模式）來探討親職教育的實施成效，發現父母效能訓練確實可增強對子女行為的接納度，與子女有效溝通，願意給予子女更多的自主。不過，也有不同的結果發現，父母的管教態度及行為無法達到預期的正向改變，有些父母仍對子女過度保護。

二、面臨問題

親職教育實施常見的問題說明如下：（王鍾和，2009；邱書璇等人，1998；黃維齡，2002；黃德祥，1994）

（一）對象方面

1. 親職教育的實施對象應該是所有父母，而不只是行為偏差學生的家長。
2. 教養方式最差的父母，參與親職教育活動頻率最少，有的是不關心，有的是怕被貼標籤。

（二）內容方面

1. 親職教育的辦理內容可能太偏向知識傳遞，而忽略實務的問題解決。
2. 親職教育的主題無法切合家長實際需求，與生活脫勾，或缺乏吸引誘因。
3. 缺乏親職教育的預防教育，較少安排「為人父母作準備」或「如何作父母」的課程。

（三）方法方面

　　1.親職教育的辦理方式過於單向式灌輸、例行性、宣導不夠及缺乏多
　　　樣化，無法滿足不同社會背景的家長。

　　2.親職教育的規劃缺乏長期且系統化的目標及內容設計。

（四）評量方面

　　1.親職教育實施後未能立即進行考核工作，包括自評目標有無達成、
　　　辦理方式是否可行、承辦單位是否盡責、面臨哪些瓶頸或困境等。

　　2.親職教育實施後無法獲得客觀的評量結果，無從檢視成效及缺失。

（五）人力方面

　　1.學校親職教育負責單位推諉責任，視為額外且沈重的工作負擔。

　　2.辦理親職教育的人力及專業度不足，或訓練不夠，造成實施成效不
　　　佳。

（六）機構方面

　　目前教育部社會教育司致力於推展家庭教育，各縣市文化中心附設
「家庭教育中心」，但親職教育沒有明確的中央主管單位，乃由各級學
校、社教館及社區採不定期辦理，加上經費不足，使得親職教育的推展缺
乏顯著成效。另外，內政部社會司雖然主管兒童與青少年福利工作，重點
在於福利與保護工作的推展，對於推展親職教育欠缺積極的政策，未來有
待政府各相關單位的合作。

（七）專業團體方面

　　1855年美國受到福祿貝爾教育理念的影響，成立了第一所幼稚
園，並設立「全國母親協會」（The National Congress of Mothers）。

1897年更名為「全國親師協會」（The National Congress of Parents and Teachers），1924年成立「全國親職教育委員會」（The National Council of Parent Education），相關的出版品、研討會及各項親子活動的辦理相當蓬勃。相較之下，我國缺乏親職教育相關的專業團體，影響親職教育的推展。

（八）資源方面

目前除了少數的親職教育相關單位與公益團體，如家庭教育中心、家扶中心、生命線及「張老師」外，親職教育相關資源中心仍相當缺乏，使得一般父母經常求助無門。

第二節　親職教育的改進之道

當前兒童及青少年問題頻傳，校園暴力及霸凌事件甚囂塵上，尋求解決之道，親職教育已成為重要工作之一。展望未來，親職教育實施的改進途徑說明如下：（王鍾和，2009；林勤敏，2001；韋淑娟，2000；許惠茹、黃瀅嘉，2011；黃維齡，2002；黃德祥，2006）

一、應積極鼓勵父母參與教學

我國教育基本法第8條規定：「國民教育階段內，家長負有輔導子女之責任；並得為其子女之最佳福祉，依法律選擇受教育之方式、內容及參與學校教育事務之權利。」為了建立家長與學校的緊密關係，有必要鼓勵家長參與教學及學校事務決策，另一方面，學校也應主動與家長、社區充分合作，充分整合及運用各種資源，共同推展親職教育活動。

二、協助建立學習型家庭

　　學習型家庭指的是一種家庭的生活形態，以家庭為核心，提倡不斷學習，經由家庭成員之間的彼此省思與對話、鼓勵與合作，增進家庭內的溝通。學習型家庭鼓勵家長與孩子共同學習，透過學習改善親子關係及溝通。未來應鼓勵親子間建立共同學習信念，創造家庭時間，共同學習溝通技巧，以增進家庭的向心力與凝聚力。

三、積極開發親職代理人力

　　學校辦理親職教育的對象是全體父母。然而，面對一些想來而不敢來的父母，學校可利用班親會或熱心的家長去邀約前往參加；面對想來而不能來的父母，可以主動造訪建立情誼；面對家庭功能不彰又根本不想來的父母，學校經常深感無力，或許可以積極尋求有意願且有愛心的人士來擔任親職代理工作，例如校內教職同仁、退休教師、熱心家長及校外熱心人士等。

四、親職教育內容要有吸引力

　　規劃親職教育課程內容應依循順序性及繼續性，先教導父母管教子女的基本原則，再指導父母應用所學去因應子女不同的偏差行為或親子互動情境，課程安排要有系統化，逐漸加深加廣。課程主題要儘量貼近生活化，包括：認識夫妻及父母角色、認識兒童及青少年問題、兒童身心及人格發展、親子關係與溝通、管教目標與原則、子女就學及休閒輔導、特殊問題兒童的輔導、父母自我成長、零用錢的使用等。

五、親職教育方法要多元化

家庭聯絡簿、家長參觀教學及家庭訪問不應流於形式應付，學校要暢通與家長聯繫合作的管道，並落實各項親職教育活動，包括：持續規劃及辦理系列性的親職教育增能活動、加強教師親職教育知能、成立家長諮商中心、安排父母效能訓練活動、設置親職諮詢專線、主動提供社會資源。

六、重視親職教育實施效果的評鑑

學校辦理各項親職教育活動，必須定期評估成效，或是在活動後立即評估每一項實施步驟，瞭解是否達成預期目標，家長獲得哪些具體成長，人力、物力及資源的運用是否恰當，以發現待改進的地方，作為下次活動修正的依據。

七、善用社區人力並加強宣導

社區人力資源豐沛，學校可以主動邀請有能力、時間及熱心者來協助推展親職教育，最好可以先施以訓練以擴大服務效益。另外，推動親職教育前最好可以先調查家長需求，並在事前加強宣導工作，以提高家長出席率。

八、整合親職教育資源

未來應整合親職教育相關的資源，例如可結合家庭教育中心，設立親職教育館資源中心，提供家長親職教育諮詢服務，以及附設親子活動中心、親職教育教材館等，也可結合各地親職教育的推廣活動。中央行政機關可以設立親職教育的專司單位並寬列預算，以及督導親職教育的推展。

此外，中央或縣市政府辦理親職教育與衛生、醫療、警政、司法、內政及社會等相關單位均有所關聯，相互的協調工作至為重要。

九、大學校院及師培機構應予重視

為了提升親職教育專業水準，大學校院可辦理有關的學術活動及研究，探討親職教育的困境、解決途徑及未來發展方向，研究結果可作為實務現場的改進依據，也促使理論與實務結合，發展出適合國情的親職教育模式或技巧策略。另外，可鼓勵民間或學術機構成立親職教育專業團體，大學師資培育機構可以將親職教育納入課程。

十、積極獎勵推展親職教育

政府對於推展親職教育有功的個人與單位應給予積極的獎勵，相關文化事業或學術研究活動也應提供各種獎勵補助，使親職教育成為與學校教育同等重要的教育措施。

作者的叮嚀

1. 親職教育實施問題的原因：（1）家庭功能不彰；（2）親子關係改變；（3）單親及非婚生子女人數增加；（4）親職教育成效不夠顯著。

2. 親職教育實施常見的問題：

（1）親職教育的實施對象應該是所有父母。

（2）教養方式最差的父母，參與親職教育活動頻率最少。

（3）親職教育的內容太偏向知識傳遞，而忽略實務問題解決。

（4）親職教育的主題無法切合家長實際需求或缺乏吸引誘因。

（5）缺乏親職教育的預防教育。

（6）親職教育的辦理方式過於單向式灌輸、例行性、宣導不夠及缺乏多樣化。

（7）親職教育的規劃缺乏長期且系統化的目標及內容設計。

（8）親職教育實施後未能立即進行考核工作。

（9）親職教育實施後無法獲得客觀的評量結果。

（10）學校親職教育負責單位未能善盡職責。

（11）辦理親職教育的人力及專業度不足，或訓練不夠。

（12）缺乏明確的中央主管單位，且經費不足。

（13）缺乏親職教育相關的專業團體。

（14）親職教育相關資源中心相當缺乏。

3.美國親職教育重要的專業團體：1855年美國受到福祿貝爾教育理念的影響，成立了第一所幼稚園，並設立「全國母親協會」，1897年更名為「全國親師協會」，1924年成立「全國親職教育委員會」。

4.親職教育的改進之道：（1）應積極鼓勵父母參與教學；（2）協助建立學習型家庭；（3）積極開發親職代理人力；（4）親職教育內容要有吸引力；（5）親職教育方法要多元化；（6）重視親職教育效果評鑑；（7）善用社區人力並加強宣導；（8）整合親職教育資源；（9）大學校院及師培機構應予重視；（10）積極獎勵推展親職教育。

5.家長有責任輔導子女及參與教學的法令依據：教育基本法第8條，國民教育階段內，家長負有輔導子女之責任；並得為其子女之最佳福祉，依法律選擇受教育之方式、內容及參與學校教育事務之權利。

自我測驗

1. 影響親職教育推展的因素有哪些？
2. 請說明我國目前親職教育的實施現況。
3. 請舉例說明我國目前有關親職教育的重要法令規定。
4. 目前我國推展親職教育的機構有哪些，請舉例說明。
5. 推動親職教育可以運用哪些社會資源？其原則及方法為何？
6. 請參訪一個親職教育機構，訪談該機構近三年辦理親職教育活動項目及實施困境。
7. 我國目前社區親職教育實施現況有哪些困境。
8. 影響親職教育推展的因素為何。
9. 請說明親職教育的推廣方式及評鑑方式。

歷屆考題精選

1. 請論述現代臺灣社會中，推動親職教育所面臨的挑戰與可能的發展。
   【2003年原住民四等特考】

參考文獻

內政部戶政司（2008）。**臺閩地區近年嬰兒出生數按生母國籍分**。臺北市：內政部。

內政部統計處（2008）。**中華民國87年臺灣地區婦女生活狀況調查提要報告**。臺北市：內政部。

內政部統計處（2009）。**內政統計通報98年第6週：97年嬰兒出生狀況統計**。臺北市：內政部。

內政部統計處（2010a）。**99年第29週內政統計通報：99年上半年嬰兒出生狀況統計**。臺北市：內政部。

內政部統計處（2010b）。**99年第24週內政統計通報：98年離婚者按結婚年數統計**。臺北市：內政部。

內政部統計處（2010c）。**99年第32週內政統計通報：99年上半年國人結婚登記之外籍與大陸港澳配偶人數統計**。臺北市：內政部。

內政部統計處（2010d）。**99年第17週內政統計通報：98年特殊境遇家庭扶助概況**。臺北市：內政部。

內政部統計處（2011a）。**100年第2週內政統計通報：99年底人口結構分析**。臺北市：內政部。

內政部統計處（2011b）。**100年第1週內政統計通報：99年1-11月家庭暴力通報案件概況**。臺北市：內政部。

王連生（1988）。**親職教育理論與應用**。臺北市：五南。

王鍾和（2009）。**親職教育**。臺北市：三民。

吳百祿（譯）（2005）。**親職教育：整合幼兒在家庭、學校與社區之取向**。臺北市：華騰文化。

吳俊憲、吳錦惠（2009）。**新移民子女課程與教學**。臺北市：五南。

吳錦惠（2007）。**教育的型態**。載於徐宗林等人（著），教育導論（頁

81-100）。臺北市：五南。

李麗雲（2008）。**親職教育的實證與實務**。臺北縣：新文京。

林勤敏（2001）。學習型家庭：快樂的共學與成長。**社教雜誌，270，7-10**。

林家興（2007）。**親職教育的原理與實務（2版）**。臺北市：心理。

邱珍琬（2005）。**親職教育（2版）**。臺北市：五南。

邱書璇、林秀慧、謝依蓉、林敏宜、車薇（1998）。**親職教育**。臺北市：啟英。

邱德才（2000）。**TA的諮商歷程與技術**。臺北市：張老師文化。

韋淑娟（2000）。**學習型家庭**。臺北市：聯經。

張欣戊、林淑玲、李明芝（譯）（2010）。D. R. Shaffer & K. Kipp著。**發展心理學**。臺北市：學富。

張春興（2008）。**教育心理學：三化取向的理論與實踐**。臺北市：東華。

張珍麗、張海琳（譯）（1994）。Thomas Gordon著。**父母效能訓練：別讓孩子「開除」你**。臺北縣：新雨。

張耐（2001）。**親職教育方案設計**。內政部兒童局：中華民國幸福家庭促進協會。

張傳琳（2003）。**現實治療法：理論與實務**。臺北市：心理。

許惠茹、黃瀅嘉（2011）。**建立學習型家庭**。2011年3月1日，取自http://colkm.ccu.edu.tw/symposium/6.doc

許鶯珠、黃玲蘭、丁介陶（2004）。中學階段的親職教育：創造三贏的親職教育。臺北市：心理。

郭靜晃（2009）。**親職教育：理論與實務**。臺北市：揚智。

陳玥（2004）。**親職教育概要**。臺北市：志光。

陳淑芬（2006）。**阿德勒理論在親職教育上的應用**。2011年3月1日，最自http://tw.myblog.yahoo.com/jw!ZqD8DJWQFRY6IsMMz4nPjHznFA--/article?mid=4

曾端真（1998）。**親職教育模式與方案（3版）**。臺北市：天馬。

黃迺毓（1989）。**家庭教育**。臺北市：五南。

黃德祥（2006）。**親職教育理論與應用**。臺北市：偉華。

蕭朱亮（2005）。**高雄市中洲國小外籍配偶親職教育實施現況與經驗分享**。
　　2011年3月1日，取自http://www.jcmps.kh.edu.tw/20050423/0423_3.htm

鍾思嘉（2004）。**親職教育**。臺北市：桂冠。

鍾思嘉（2005）。**培養有責任感的孩子：父母閱讀手冊**。臺北市：桂冠。

顏國樑（2010）。**教育法規**（4版）。高雄市：麗文文化。

附錄　歷屆國家考試試題暨參考解答

2003年

1. 試述強制性親職教育的意義，並說明其適用對象與執行方式。【2003年
   原住民四等特考】

【解答】

（1）強制性親職教育的意義

　　強制性的親職教育也稱「高危險群父母」的親職教育，是指某些
特徵的父母，因為身心問題或社經地位低落等不利因素，導致無
法善盡父母職責，甚至於影響子女的健康與人格發展。因此，希
望施以強制性親職教育，幫助父母建立正確的親職知能和管教方
式，學習良性的互動與溝通技巧，並能妥善運用社會資源、恢復
家庭功能。

（2）強制性親職教育的對象

①父母身心發展不成熟，例如未成年父母。

②父母有身心健康的問題，例如藥物濫用、酗酒成癮、控制慾
強、患有生理疾病等。

③有特殊需求兒童的父母，例如兒童患有智能不足、自閉症、過
動症等身心障礙，長期面對管教挫敗和親職壓力。

④處境或身分特殊的父母，例如家庭貧窮、單親家庭、隔代教養
家庭或新移民家庭等，家庭面臨生存困境，父母面臨教養困
難。

（3）強制性親職教育的執行方式

　　依兒童及少年福利法第65條規定，凡對兒童少年有直接或間接侵

害與傷害，或疏於管教導致兒童及少年有觸犯犯罪事實者，應接受8小時以上、50小時以下的親職教育輔導。「高危險群」父母也被稱做「非自願性案主」，由於他們施虐或不當對待子女，需要被「強制」來接受專業人員的教育輔導和心理諮商。

2. 請說明幼稚園或托兒所推動親師合作的好處，並提出可能的實施技巧。
【2003年原住民四等特考】
【解答】
（1）親師合作的好處
　①彼此交換及分享意見、訊息、觀念，以增進親師的瞭解，建立共識。
　②兒童可以提高自我價值感、增加在校學習安全感及學習成就。
　③父母可以獲得教養知能、社會支持及提高身為父母的自尊。
　④教師可以瞭解家庭狀況、師生相處之道及增進教學興趣。
（2）親師合作的技巧
　①學校提供書面的親職教育計畫。
　②學校事先發布或提供相關訊息。
　③學校招募家長前應安排說明會。
　④家長參與前應施以講習或訓練。
　⑤採團體多數決的家長參與模式。
　⑥家長團體應定期召開會議討論。
　⑦家長參與表現良好應給予表揚。
　⑧善用家長人力資源做任務分工。

3. 試想一個中低收入貧困家庭的幼兒養育會面臨哪些問題？需要哪些親職教育方面的協助？【2003年原住民四等特考】

【解答】

（1）形成背景

近幾年來，臺灣社會由於經濟及環境的變遷快速，家庭貧富差距越來越大，人口結構也跟著產生相當大的變化，中低收入戶、新移民、單親及隔代教養家庭等弱勢族群的比率也逐年增加，促使弱勢兒童的比例日益提高。

（2）面臨問題

貧困家庭的幼兒生長的環境，文化刺激較少，認知及語文的發展容易受到限制，若無法得到適當的教育，很可能會在未來成為學習發展遲緩的高危險族群。

（3）親職教育

①推展親職教育方案，例如以家庭為焦點的「父母即教師」（parents as teachers），其基本精神在於強調應該從父母本身做起。經濟弱勢不應直接造成子女的學習弱勢，唯有父母的親職能力提升，才能改善幼兒的發展困境。

②由合格的專業社工或親職教育工作者，每月固定到低收入家庭進行探訪，提供關於兒童發展的資訊，教導父母親職技巧及回答父母關心的問題。

③形成父母團體聚會，討論兒童身心的發展，並與其他父母建立非正式的支持網絡，使他們不會陷入社會孤立的感受。

④階段性篩檢兒童的身心發展狀況，定期舉辦免費的兒童健檢。

⑤必要時將貧困家庭的父母或兒童轉介到適當的社區資源與福利服務機構。

4. 請論述現代臺灣社會中,推動親職教育所面臨的挑戰與可能的發展。

【2003年原住民四等特考】

【解答】

(1) 當前推動親職教育的挑戰

　①社會變遷快速,家庭及人口結構變化很大,出現許多單親家庭、隔代家庭、特殊境遇家庭及新移民家庭等,加上父母雙方就業的情形相當普遍,導致原有的家庭功能未獲彰顯,父母對待子女的照顧日漸減少,因而衍生許多的兒童偏差行為及青少年問題。

　②受到少子化、人口老化及移民婚姻日漸普及的影響,形成許多新的家庭型態,使得親子關係疏離。另外,社會病態因素的增加,父母教養子女的價值觀產生扭曲,或未能善盡父母職責,亟待重視。

　③近年來離婚率持續升高,單親兒童人數增加快速。加上社會風氣開放,兩性交往頻繁及性行為年齡層的降低,造成未婚或非婚生子女的人數日益增多。如何使這些兒童受到良好的照顧及教育乃成為社會的重要責任。

　④親職教育推展的成效不夠顯著。

(2) 未來推動親職教育可能的發展

　①應積極鼓勵父母參與教學,學校也應主動與家長、社區充分合作,充分整合及運用各種資源,共同推展親職教育活動。

　②面對家庭功能不彰的父母,學校可以積極尋求有意願且有愛心的人士來擔任親職代理工作。

　③規劃親職教育課程內容應依循順序性及繼續性,課程安排要有系統化,課程主題要儘量貼近生活化。

　④親職教育方法要多元化,不應流於形式應付,學校要暢通與家長聯繫合作的管道,並落實各項親職教育活動。

⑤學校辦理各項親職教育活動，必須定期評估成效，以發現待改進的地方。

⑥善用社區人力並加強宣導工作。

⑦未來應整合親職教育相關的資源。

⑧大學校院及師培機構應予重視及辦理親職教育有關的學術活動及研究。

⑨政府對於推展親職教育有功的個人與單位應給予積極的獎勵。

5. 試述為何親職教育的議題在臺灣漸受重視？【2003年公務人員四等特考】

【解答】

（1）社會變遷突顯親職教育的重要性

現代社會快速變遷，導致家庭和人口結構改變，包括老年人口激增、嬰兒出生率下降、女性勞動就業率提高、離婚率上升、遲婚現象普遍、新移民家庭增多、單親家庭及隔代教養家庭增加等，於是各種家庭困境與兒童適應問題接踵而生。親職教育可以協助未婚男女做好父母的充分準備，指導現代父母扮演適當的角色，以及調整親子關係的有效方法。

（2）如何成為有效能父母是重要課題

親職教育的重要性，一方面可以強化家庭功能，預防兒童及少年產生適應問題，另一方面可以銜接學校及社會資源，支持家庭發揮正向功能，進一步消弭不利於兒童成長的環境因素和社會問題。透過親職教育，可以增進父母對子女教育有新知識和新方法，而且學校教師也可以在課程中提早教導青少年及大學生認識親職教育。

6. 在一般傳統觀念中，父親的角色有哪些標準？如何因應時代的改變？

　　【2003年公務人員四等特考】

【解答】

(1) 傳統父親角色的標準：重視權力和支配，父親是家庭的決策者，也是子女的楷模，但對於教養子女處在邊緣角色。

　①為子女訂定目標。

　②替子女做事，滿足子女物質需求。

　③知道什麼對子女是好的。

　④期望子女服從。

　⑤堅強、認為自己永遠是對的。

　⑥有責任感。

(2) 現代父親角色的轉變：看重子女的自制與自立，將自己視為發展中的個體。

　①重視子女的自主行為。

　②會主動嘗試瞭解子女和認識自己。

　③承認自己和子女的個別性。

　④提高子女成熟的行為。

　⑤樂意為父，會擁抱子女及陪伴子女遊玩。

7. 家庭治療模式有五個重要觀念，試述其對親職教育有何重要意義。

　　【2003年公務人員四等特考】

【解答】

(1) 家庭治療模式的意義

　①家庭治療（family therapy，或稱家族治療）大約在第二次世界大戰時期開始推行，當時西方國家受到政治、經濟及社會變遷而引起許多社會問題，如青少年犯罪、家庭破碎以及精神崩潰等。

②因為很多個人的問題與家庭狀況有相當密切的關聯，於是開始
　有人研究以家庭為核心去解決個人的問題。其後，家庭治療逐
　漸發展成為一門科學化的輔導方法。

（2）五個重要觀念

①整體與相互依賴：將家族視為一個社會心理系統，家庭成員
　之間互有關聯並產生互動關係而形成的動態系統。家庭系統
　中除了家庭成員外，還包含之間的相互關係，以及衍生的各種
　關係。家庭治療的焦點就在於這些長期下來成為習慣的互動型
　態。

②循環因果與抗衡點：個人行為是以循環的關係交錯、互相影
　響，有因必有果，因此，要在目前現存的關係中發掘可行措
　施。換言之，個人的家庭經驗會不斷影響其身心成長，這包括
　家庭生活狀況、家人相處關係、家庭結構、權力及責任的分配
　等。

③平衡狀態與改變的可能性：提出家庭恆定說，認為家庭中有個
　維持正常運作的機制，使家庭處於平衡狀態，但也有可能會隨
　時改變為失衡狀態。所以家庭治療的焦點在於瞭解癥狀消除
　後，對家庭產生的作用及影響。

④系統、次系統、三角組合：原本處在同一層次的兩人，隨著彼
　此間的緊張壓力而促使其中一方與其他家庭成員，或其他事物
　建立更加緊密的關係，於是破壞了次系統間應有的界限。所有
　家庭都有各種不同的次系統，應注意這些次系統是否會阻礙家
　庭的發展。例如父母某一方或子女聚合以對抗另一方的父母；
　或父母過度將注意力放在子女身上，卻忽略夫妻雙方關係；或
　一方的父母過度沉浸在與子女的關係中，使另一方的父母無法
　介入。

⑤界限、規則與模式：界限是指在家庭裡必然存在卻又看不見的

線條，以維護成員之間或次系統間互動的關係，例如「鬆軟的界限」代表部分成員間關係過於緊密，抑制家庭正常發展與成員個人成長空間；「僵硬的界限」代表各次系統之間缺乏情感接觸，同樣會抑制家庭發展，導致成員在情感發展上容易與人疏離。

（3）對親職教育的意義

①個人的問題乃是家庭的問題，可以透過家庭會議與家庭成員共同合作、分析問題，找出解決的方法。

②個人不能自外於家庭，子女不能自外於父母。

③在幫助父母或子女時，必須關切整個家庭系統如何地在影響個別的子女。

④家庭壓力會改變家庭成員間的關係，並影響到子女身心。

⑤家庭生活當中遇見壓力，最好儘快因應處理，避免產生累積而造成危機。

⑥增加家庭成員間的感情聯繫，促進和諧互諒的家庭關係。

⑦協助家庭尋求有效的方法面對各種內外的壓力，包括成員的個人需要及期望、社會環境改變對家庭生活帶來的壓力。

⑧家庭治療常對子女過度被溺愛的家庭有效果。

8. 有哪些因素可能影響父母管教子女的方式？【2003年公務人員四等特考】

【解答】

（1）父母的因素

①過去的生活經驗：例如專制嚴格的父母往往生長於專制嚴格的家庭。

②人格特質：流露出父母個人的人格特質或情緒。

③母親對懷孕的態度：是指為人母的態度與信心。

（2）環境的因素

①家庭的內外在壓力：例如父母工作壓力過大、心理壓力。

②社經水準的影響：例如低社經家庭的管教方式傾向專權限制、紀律嚴明，高社經家庭的管教方式傾向開明誘導、獨立創造。

（3）子女的因素

①子女的氣質：例如樂於與父母配合、頑強難以駕馭。

②身體特徵：例如子女是身心障礙者，父母因為補償作用容易過度保護。

③年齡：子女越年幼，父母較傾向監督；子女越年長，親子關係較傾向平等。

9. 試說明如何運用「代幣制」於兒童的行為改變技術，應用時宜注意哪些要項？【2003年社工人員四等特考】

【解答】

（1）代幣制（token economy）的定義

①代幣：又稱「類化增強物」，是指將一種原本不具有增強作用的物品，與具有增強作用的增強物相聯結，使得此物品也具有增強作用，而且通常也可以累積兌換其他增強物。

②代幣制：針對受訓者實施的一套專門運用代幣有組織地增強目標行為的方案。

③行為改變技術中常被使用的代幣有：籌碼、銅板、積分卡、貼紙、撲克牌、蓋印章等。

（2）應用代幣制應注意原則

①實施代幣制時，最好有其他措施來增強：例如採用間歇性增強來取代連續性增強。

②代幣制所換取的增強物應善加規劃設計：增強物應該是兒童有興趣的，符合其能力範圍所可以獲得到的。

③使用代幣制建立某種行為後，不一定會類化到其他行為。

④代幣制的效果是有期限的，並非一成不變。

⑤代幣制的實施步驟：明確界定應予增強的行為、標明應予加扣分的各項行為價碼、訂定實施期限、依據兒童需要選用適當的增強物、設計具有吸引力的代幣、安排代幣的兌換場所及開放時間。

10.試說明高登「父母效能訓練」的意義及其基本理念。【2003年社工人員四等特考】

【解答】

(1) 父母效能訓練的意義

高登提出一個值得父母深思的想法：「父母是人，不是神」。很多父母以為自己在子女面前必須是完美的，必須製造犧牲奉獻的形象，凡事以孩子為前提，必須公平對待每個孩子，必須要全盤接受孩子的一切，結果造成父母親為了維護權威形象而喘不過氣，其實這只是一種迷思。

(2) 基本理念

①父母教養子女，需要具體明確的親職技巧及方法，藉以培養高效能的父母。

②父母必須接受教師的監督指導、實證教學及示範練習，學會如何善用技巧來處理親子問題。

③父母為了一致性而設下規則，應視實際情形而留有變通的餘地；父母之間的一致性若是過度堅持，反而限制各自發揮所長的效能。

④親子之間產生問題，宜先確認問題的歸因，可能是子女的需求未獲得滿足而產生情緒，或可能是父母被子女的不當行為困擾而產生情緒。

11. 家庭教育與學校教育應如何密切配合，以達到親職教育的目的？【2003 年社工人員四等特考】

【解答】

（1）觀念上的配合：重視親職教育

　　①家庭教育是學校教育的基礎，兩者對於兒童身心發展具有相同的影響力，均負有教育的責任。

　　②和諧家庭是兒童身心健全發展的基石，學校必須重視親職教育的推展。

（2）行動上的配合：加強學校與家庭的聯繫

　　①家長方面

　　　A.關心子女在校生活，並尊重教師的意見。

　　　B.瞭解並接受子女的能力及性向，並給予合理的期待。

　　　C.提供子女合宜的學習環境，善盡輔導的責任。

　　　D.合理供應子女在學業上的需要，培養正確的價值觀。

　　　E.支持學校課外團體性的活動，維護子女自尊心及隸屬感。

　　　F.家長的言行態度應與學校一致。

　　　G.家長的生活方式應顧及子女求學的需要。

　　②學校方面

　　　A.提供家長正式的親職教育。

　　　B.鼓勵家長參與教學。

　　　C.組織父母成長團體。

　　　D.定期召開親師會議。

　　　E.家庭訪問。

　　　F.提供親職教育資訊及諮詢服務。

　　　G.善用家庭聯絡簿。

12. 試說明「家庭會議」的意義、重要性，及其實施時應注意要點？【2003
年社工人員四等特考】

【解答】

(1) 家庭會議的意義

家庭會議是民主時代的產物，不僅可以增進親子關係，更可以凝
聚家庭成員的情感及共識。

(2) 家庭會議的重要性

①溝通家人意見並達成協議。

②子女學習如何計畫作決定。

③透過會議解決家庭的衝突。

④透過會議來公平分擔家事。

⑤提供表達心聲想法的管道。

⑥學習社會經驗及尊重他人。

(3) 家庭會議實施的注意要點

①重視家人意見溝通，而非教導正規的議事規則及程序。

②家庭會議的召開，時間和地點的決定，由家人一起決定。

③父母要避免成為「仁慈的獨裁者」或操縱會議幕後的黑手。

④父母要鼓勵子女勇於提出質疑，或是想要討論的意見。

⑤會議要避免成為抱怨及發牢騷大會。

⑥不是所有家庭決定事項都會交付家庭會議。

⑦無法達成協議時，父母可提出暫時性結果或採投票決議。

⑧有家人違反決議，父母可採自然與合理的行為結果來處理。

2004年

13. 試從兒童、父母、學校與社會等四個角度簡述親職教育的重要性。

【2004年公務人員普考】

【解答】

(1) 兒童方面：促進兒童的身心發展及學習成就

親職教育鼓勵父母積極參與子女的學習活動，協助為人父母者具備正確的親職知能。因此，有助於增進親子良好互動，提升子女的認知能力、人格發展、學業成就及自我概念。

(2) 父母方面：增進現代父母的教養觀與新方法

親職教育可以促使現代父母意識到時下子女不同於以往，然後引導父母適當的扮演多元角色，並負起教養子女的職責，也協助父母學習如何教養子女的新方法。因此，可有效改善父母的教養態度和行為，並促進親子關係。

(3) 學校方面：鼓勵家長參與教學及親師的合作

親師合作是親職教育的最高境界，而親師合作的任務在於鼓勵家長參與。親師合作將課程教學延伸至家庭，一來可以獲得更多的教學資源，二來讓家長有機會參與並瞭解子女的學習情形，三來可以幫助家長建立正確的親職教育觀念及作法。

(4) 社會方面：強化社會變遷中的家庭教育功能

當前國內工商服務業的經濟型態下，職業婦女及雙薪家庭日益增加，核心家庭相當普遍，造成親子關係網絡的依賴度低，家庭結構鬆散，家庭倫理式微，也連帶影響到兒童的價值觀產生偏差。傳統父母角色正面臨挑戰和轉型，推動親職教育可以強化現代家庭功能，重建親子親密和諧的關係。

14. 試論現代父親角色有哪些特性與困境。【2004年公務人員普考】

【解答】

(1) 現代父親角色的特性

現代父親希望可以擺脫傳統父親的被動形象，希望與子女更親近。身為現代父親的角色有以下特性：

① 從工具性的角色（負擔家計、道德指引及保護管教等）轉變為積極的親職參與者，願意在認知、情感和行動上積極投入，察覺並滿足子女的需求。

② 調整性別角色的刻板印象，引導兒童正確的性別認同。

③ 鼓勵參與生育與嬰幼兒哺育，建立夫妻與子女的情感支持。

④ 學習情感表達、同理心與溝通技巧。

(2) 現代父親角色的困境

① 有些父親面臨減薪或無法獨立負擔家計，必須分擔部分的養育工作。

② 在雙薪家庭中，父親必須擔負起較多照顧子女工作及參與家事分工。

③ 因為夫妻關係不穩定或離婚，有的父親會選擇逃避扶養子女的義務。

總之，現代父親的親職角色，一方面要分擔母親照顧者的辛勞，促使夫妻關係改善，另一方面要增加親子共處的時間，和子女做有效的溝通，放下身段、避免威權。

15. 國內中小學辦理之親職教育活動有哪些類型或方式？並分析其優缺點。

【2004年公務人員普考】

【解答】

(1) 實施類型

① 個案方式：含個別輔導、個別諮商、個案管理。

②團體方式：含單次舉行的團體方式、系列式的團體方式、持續式的團體方式。

③家訪方式：含家訪諮商、家庭輔導、家訪個案管理。

④其他方式：以大眾媒體實施親職教育、透過學校的輔導工作推廣親職教育、以電話諮詢方式實施親職教育。

（2）具體實施方式

①面對面晤談：教師與家長在平日面對面討論子女學習狀況，有助於彼此的熟悉度及建立信任感。

②電話聯絡：教師可使用電話與家長交談，提供子女在校學習情形並表達關心。

③聯絡簿：教師透過聯絡簿傳達訊息給家長，較偏於單向溝通，但可從中獲知家長反應。

④公布欄：是提供家長訊息的一種方式，最好置於家長可清楚看見的地方。

⑤出版親師簡訊：定期傳送刊物簡訊給所有家長，內容包括：教養子女的觀念、報導班級重要活動及成果、與家長溝通意見、反映子女心聲及推廣親職教育活動等。

⑥舉辦講座、座談會：聘請專家學者針對兒童及青少年發展、管教子女問題等，辦理專題演講、分組座談、問題討論及經驗分享等。

⑦家庭訪問：教師親自到兒童家中進行實地訪查，透過親師面對面接觸，可以實際瞭解兒童的家庭環境及親子互動情形，增加親師信任感。

⑧家庭諮商：學校輔導室成立家庭諮商中心，針對有特殊家庭問題或子女問題的家長進行團體諮商；若問題過於嚴重而需要進行家族治療，則轉介至心理或精神科醫師。

⑨親師座談會：教師與家長召開面對面會談，採定期或不定期、

個別或團體、正式或不正式等方式進行。

⑩教學參觀：選擇一日邀請家長到校參觀師生上課情形，讓家長瞭解子女在校學習情形。

⑪愛心工作隊：組織愛心媽媽或愛心爸爸團體，支援學校各項事務性工作，例如交通導護、會場布置等。

⑫家長會：選出各班家長代表，然後組織家長會，協助學校籌募經費、辦理活動或參與校務決策。

⑬其他：包含設立輔導諮詢專線服務、成立家長社區服務隊、父母成長團體、親子共遊及教學協助團隊等。

(3) 優缺點的檢討

①親職教育的實施對象應該是所有父母，而不只是行為偏差學生的家長。

②親職教育的辦理內容可能太偏向知識傳遞而忽略實務的問題解決。

③親職教育的主題無法切合家長實際需求，與生活脫勾，或缺乏吸引誘因。

④親職教育的辦理方式過於單向式灌輸、例行性、宣導不夠及缺乏多樣化，無法滿足不同社會背景的家長。

⑤親職教育的規劃缺乏長期且系統化的目標及內容設計。

⑥親職教育實施後無法獲得客觀的評量結果，無從檢視成效及缺失。

16. 試簡述Thomas Gordon所提倡的「父母效能訓練」模式（Parent Effectiveness Training，簡稱PET）之中心要點。【2004年公務人員普考】

【解答】

(1) 建立「雙贏」的親子關係

親子衝突若是經由雙方的協商而達成共識，通常能消弭親子間的

鴻溝，拉近親子間的距離。

(2) 真誠的與子女溝通互動

父母為了顧及形象而無法與子女真誠以對，子女也會感受到與父母的溝通無效，於是便自動地築起一道無形的牆。因此，父母要學習「主動傾聽」、「我訊息」及「雙贏」的技巧，讓子女能敏銳地分辨和感受到父母的接納對待。

(3) 主動傾聽的技巧

父母必須試著瞭解子女的感受，然後用自己的話貼近子女的想法，設身處地進入子女的內心，不可加入自己主觀的意見、分析、評價及勸告。

(4) 我訊息的技巧

使用「我訊息」，能夠明確的將父母的感受或需求傳達給子女知道，藉以幫助子女成長，學習為自己的行為負責任。

(5) 雙贏的技巧

發生親子衝突時，父母不應以權威來迫使子女順從，否則容易引來子女敵意，事後必須耗費更多的精力來確認子女是否確實遵行，甚至養成孩子消極被動的性格。

17. 針對僱用外籍女傭家庭的家長，從保育人員觀點而言，請問你的親職教育重點為何？【2004年公務人員四等特考】

【解答】

(1) 外籍女傭對嬰幼兒可能產生的影響

①0～6歲是嬰幼兒身心發展的關鍵時期，細心的照顧與養護，對於個體發育、學習及情緒調適等能力，具有決定性的長遠影響。

②外籍女傭源於受僱身分及訓練，具有照顧嬰幼兒生活起居的基本能力，但在智能發展、生活自理、價值觀及人際關係上，顯現許多問題。

③例如幼兒期是語言模仿學習的重要時期，外籍女傭的發音、語調和文法容易影響到孩子，尤其可能出現語言遲緩問題。

④外籍女傭容易對孩子溺愛，予取予求的結果造成幼兒的生活自理的能力比同齡的其他孩子來得低，從小養成對人發號施令的習慣，人際關係欠佳。

（2）僱用外籍女傭家庭的親職教育

①家長仍應負擔最大的教養責任，家務由傭人做，但教養工作必須親自介入。

②父母是嬰幼兒模仿學習的主要對象，因此家長仍要在有限的時間裡抽空陪伴子女，多和子女說話、唱歌及閱讀，和子女保持親密接觸。

③父母要更加注意子女的成長發育，及早發現問題、及早處理。

④由於國情習俗的差異，許多文化內涵仍應依賴父母傳承，避免子女日後對任何事都不求甚解。

⑤由於外籍女傭有僱用期限，家長應留意更換保母容易使孩子缺乏安全感，難與他人建立親密關係。因此，家長要為孩子的情緒反應做準備，例如讓孩子有同年齡的同儕陪伴，可以轉移注意力及分離焦慮。

⑥父母以身作則，對於孩子應該自行完成的生活起居，明確規範傭人不得代勞，並善用鼓勵來增強孩子的表現。

18.何謂「家長參與」？鼓勵家長參與孩子的教保活動之理由有哪些？
【2004年公務人員四等特考】

【解答】

（1）家長參與的意義

是指家長主動參與學校及班級事務，而親師合作是指學校及教師運用家長參與的互動，將課程教學延伸至家庭中。

（2）家長參與的理由

　①基於法律（民法第1084條、教育基本法第8條第3項）規定，家長負有教養子女的權利義務，也有參與校務的權利，表達家長於校務發展的意見。

　②兒童可以提高自我價值感、增加在校學習安全感及學習成就。

　③父母可以獲得教養知能、社會支持及提高身為父母的自尊。

　④教師可以瞭解家庭狀況、師生相處之道及增進教學興趣。

19. 何謂血緣親子關係？試說明血緣親子關係的特性有哪些？【2004年公務人員四等特考】

【解答】

（1）血緣親子關係的意義

　是指父母與子女間基於血緣而構成的人際關係。另外，法律上自然血緣親子關係，乃基於父母和子女間真實的自然血緣關係而發生，但由於社會觀念改變及醫學發達，造成法律上的親子關係和真實血緣上的親子關係不盡相符合，往往需要透過親子鑑定來加以調整。

（2）血緣親子關係的特性

　①基於血緣關係，與生俱來。

　②一旦形成，具有永恆性。

　③親子互動依靠親情維繫。

　④不同於一般人際關係，對子女人格陶冶具有影響力。

20. 試述父母教養態度可分哪些類型？各類型對子女的影響為何？【2004年
　　公務人員四等特考】

【解答】

（1）寬容溺愛型

　　父母接納子女一切行為，很少懲罰；過度疼愛，放任或忽視子女
　　的不良行為；管教規範不清楚或不一致。容易使子女行為成為自
　　我中心、缺乏自信、自我控制力差、情緒不穩定、生活漫無目
　　標、具攻擊性、依賴心重、低成就。

（2）獨斷型

　　父母會設定絕對的標準來評價子女的行為；重視權威及服從、講
　　求紀律及秩序；不鼓勵子女表達個人意見。容易使子女成為衝動
　　易怒、懦弱、依賴心重、嚴肅、對人缺乏信任。

（3）威信型

　　父母常會訂定合理的規範及準則，並貫徹執行；鼓勵子女表現獨
　　立及個性；親子間採開放溝通，給予子女溫暖及接納。容易使子
　　女具有友善、信任、高成就、敢於表現自我、獨立自主及社交能
　　力佳。

21. 面對日益增多的單親家庭，他們可能會有哪一方面的親職教育問題？保
　　育人員又要如何去關照這些單親和他們的孩子，請舉例說明。【2004年
　　原住民四等特考】

【解答】

（1）單親家庭的定義及形成原因

　　是指由一方父親或母親與其未婚子女（指18歲以下）所組成的家
　　庭。形成單親家庭的原因很多，包括父母因離婚、分居、喪偶、
　　未婚（未婚生子）及單親領養等，其中以離婚和分居者居多。

（2）單親家庭的親職教育問題

①對父親或母親楷模的學習被剝奪，使個人與家庭成員或家庭環境失去平衡，進而影響單親子女的性別角色認知。

②單親子女可能會認為自己是父母離婚的源頭，而心生內疚，進而缺乏安全感、對人不信任、生活適應困難、學習退化及脾氣易怒。

③單親子女可能會加快心理成熟度，具有同情心和獨立自主。

④單親子女可能會有較消極負面的自我概念或自卑感。

⑤單親子女可能會產生分離焦慮，造成情緒和精神不穩定，引發身心疾病。

⑥單親子女缺少社會化的學習發展，會較依賴、不合群，有人際交往困擾。

⑦單親子女可能有學習行為困擾，包括上課不專心、被動、課業成就低、反社會行為。

（3）單親家庭的親職教育實施

①單親父母要適當的調整情緒，切勿變得喜怒無常、動輒打罵。

②單親父母角色要有正確認知，調整管教方式、做好時間管理。

③單親父母要建立良好和諧的親子關係，鼓勵正向積極的行為表現。

④勿因補償心態而扮演事事代勞的「好父母」，而是要成為「負責任」的父母，尊重子女並協助建立責任感和自信心。

⑤單親父母的管教方式儘量多採用開明權威，少用忽視冷漠；宜有明確合理的行為期望與規定。

⑥單親父母的管教應掌握「一致性」原則，一方面重視身教示範，另方面與離婚配偶或其他照顧者的管教方式也要求一致，切勿兩套標準。

⑦單親父母的管教策略宜多採用：增加溝通機會、隨時察覺子女反應、肯定自我價值、建立獨立自主、自我負責及自我管理等。

⑧學校及保育人員可多加瞭解單親兒童的學習狀況、人格發展和情緒變化，多辦理團體討論與輔導，以加強親師及親子間關係及情感支持。

22. 保育人員可能會面臨到孩子的家長和老師之間的衝突，假設他們因照顧孩子的觀念不同而引起爭執，你會如何處理，以增進親師溝通？【2004年原住民四等特考】

【解答】

(1) 建議學校及教師應在開學初，主動透過各種管道（書面、電話或網路）與家長聯絡，教師要主動提供親職訊息給家長，以建立彼此的信任感。

(2) 建議學校及教師應培養積極傾聽的溝通技巧，設身處地瞭解家長教養子女的辛勞。

(3) 建議學校及教師與家長溝通時，應給予高度的關懷和鼓勵，家長自然會主動與教師合作。

(4) 學校及教師與家長雙方討論問題時，能「就事論事」，共同解決問題。

(5) 建議雙方針對問題，共同提出解決問題的具體實施策略，可以運用雙贏策略，讓家長主動提出解決問題的方法，並擔負解決問題的責任。

23. 親職教育非常重視親子溝通的態度和技巧，而其中以「積極傾聽」為基礎，請列點敘述積極傾聽的非語言和語言之態度或技巧。【2004年原住民四等特考】

【解答】

(1) 積極傾聽的意義

①傾聽是瞭解的開始：當子女心情沮喪時，需要的也許不是立刻

解決問題，而是獨處或是有個人聽聽他的感受。

②傾聽代表尊重對方：父母傾聽子女的話，代表他所說的話是有價值的、值得注意的。

③學習「停、看、聽」：父母要成為一位積極傾聽者，需要全神貫注的功夫，包括眼神接觸及注視、傳遞「我正在聽」的反映訊息及適時給予子女反應。

（2）積極傾聽的非語言技巧

①包括臉部表情、眼神、手勢、坐姿、音調等。

②例如眼神逃避接觸，表示焦慮不安、缺乏興趣、害羞的感受。

③例如說話速度很快，可能表示得意、高興或緊張的情緒。

④例如不說話，可能表示正在思考、悲傷、沮喪或不高興。

（3）積極傾聽的語言技巧

①瞭解話中的意義：避免對子女說「好啦，我知道你的意思了」，可以經常用「嗯、是的、我瞭解」來表示注意子女說話的內容，鼓勵繼續說下去。

②反映的措辭：父母運用反映子女感受的方式來說話，例如「你聽起來似乎覺得很煩惱」。

24. 一些父母親對於孩子常有過高的期望，身為保育人員面對這些家長時要如何溝通，以幫助他們有較合理的期望，請敘述之。【2004年原住民四等特考】

【解答】

（1）父母對子女的期望過高，通常有幾點原因

①父母的社經地位社經地位越高，相對的對子女的教育投注較多，對子女的教育期望通常也就越高。

②家庭居住地處偏遠家長的教育期望，通常較都市地區的家長來得低。

③父母教育程度與父母親的教育期望有正相關。

④父母職業會影響到個人的人格及價值觀,並進一步影響到教養子女的價值觀及教育期望。

(2) 如何與家長溝通給予子女合理的教育期望

①許多研究結果顯示,父母期望的確會影響學生的學業成就或自我期待。

②對於子女的健康成長、快樂學習及待人處世的道理,其重視程度應更甚於子女的學業成就。

③父母的教育期望要符合子女的能力,否則會產生不當的影響。例如因為父母不切實際的過分期待,容易造成子女心理壓力過大、偏差行為問題的產生;過低的教育期望,可能會浪費子女的天賦,無法得到完全的發展,使得子女的學習成就動機下降。

④父母必須清楚的傳達對子女的教育期望,避免子女所知覺的父母期望、子女實際的行為和父母真正的期待之間產生落差。

⑤現代父母對「萬般皆下品,唯有讀書高」的傳統觀念應予淡化,要能重視子女的個性與天分,協助子女發揮潛能並獲得競爭力。

2005年

25. 親職教育是「教人如何當好父母，扮演好父親或好母親的角色」，家庭教育是「教人如何當個好家人，扮演在家庭中的好角色」。請根據上述定義，分別說明「親職教育」與「家庭教育」之教育對象及其各適合在哪一教育階段實施。【2005年社工人員四等特考】

【解答】

(1) 親職教育之教育對象及其實施階段

　　①親職教育之目的在於增進健康的親子關係，養育身心健全的下一代。因此，親職教育的對象是全體父母及準備為人父母者。

　　②親職教育實施的直接對象是父母，間接對象是子女，例如一些親職教育方案乃為親子共同的學習及成長而設計的（例如親子遊戲、親子共讀等）。

　　③親職教育以兒童為中心，注重親子交流與互動，偏重輔導、鼓勵、溝通及引導的方法，較強調民主管教方式。

(2) 家庭教育之教育對象及其實施階段

　　①廣義的家庭教育，是指一個人自出生至死亡，受到家庭成員互動、成長環境、家庭氣圍及教養方式等因素，而直接或間接影響一個人日後的心智能力、行為習慣、思想觀念、道德態度、情感生活、倫理關係及人格發展等。

　　②狹義的家庭教育，是指一個人早年在家庭中所受到的影響。

　　③家庭教育以父母為中心，注重倫理關係與發展，偏重訓導、身教、訓誨及管教的方法，較強調權威管教方式。

26.針對外籍新娘與本土新郎組成的家庭日益增加,請列舉三類親職教育活動,可以協助上述家庭的幼兒保育。【2005年社工人員四等特考】

【解答】

(1) 親職教育成長團體

　　①談我的家人與家庭生活。

　　②談夫妻生活與愛的分享。

　　③談如何養育聰明的孩子。

　　④談如何協助孩子課業學習。

　　⑤談情緒管理與溝通技巧。

　　⑥談婆媳溝通與相處之道。

　　⑦談親子共同分擔家事。

　　⑧談風俗民情與生活禮儀。

　　⑨談人生規劃與未來展望。

(2) 家庭親子成長營

　　①活動型態有:親子戶外教學、團體輔導、生活體驗及角色扮演等。

　　②協助新移民女性瞭解並運用教養子女的方法,改善親子關係。

　　③提升新移民家庭親職教育知能,增進親子關係的和諧。

　　④透過與社區家庭的互動,協助建立良好的社區人際關係。

(3) 親子共讀

　　①透過親子共讀,增進新移民家庭的親子情感。

　　②結合校園故事媽媽,協助新移民女性能協助子女學習學校教育。

　　③透過說故事陪伴新移民子女成長,進而加強新移民家庭與學校間的互動,建立良好的親師、親子溝通橋梁,落實家庭教育於校園裡。

（4）新移民家庭推展親職教育的困境

①新移民女性參加親職教育的比例不高，學校辦理活動招生不易。

②新移民家庭支持度不高，因為多數家庭生活較為困苦，需要工作補貼家用。

③新移民家庭的親職教育活動要有連貫性與延續性，也要配合成人教育識字班與生活適應輔導班的設立，以協助新移民女性儘早適應生活。

④新移民家庭婚姻生活需深入探討與協助，除學校提供親職教育外，各社教機構及專責團體亦應主動提供協助。

⑤新移民家庭可能成為弱勢家庭，其子女需要生活及課業輔導，以補救家庭功能的不足。

27. 何謂學習型家庭？對於家有幼兒的家庭，學習型家庭的目的是什麼？如何協助建立學習型家庭？【2005年社工人員四等特考】

【解答】

（1）學習型家庭的意義

①學習型家庭指的是一種家庭的生活形態，以家庭為核心，提倡不斷學習，經由家庭成員之間的彼此省思與對話、鼓勵與合作，增進家庭內的溝通。

②學習型家庭鼓勵家長與孩子共同學習，著重學習過程而非學習成果，透過學習改善親子關係及溝通，孩子的學習態度亦會變得更加積極。

（2）學習型家庭之目的

①家庭成員藉由終身學習，強化家庭的生活內涵與互動品質。

②促進家庭成員共同經營一個共同尊重與學習成長的家庭氣氛。

③父母角色調適並自我反省，營造個人與家庭的緊密關係。

（3） 建立學習型家庭的途徑

　①調整個人學習心態，建立共同學習信念。

　②創造家庭時間，培養成家人願意傾聽、分享心得的習慣，積極營造學習情境。

　③家庭成員共同學習溝通技巧與運用。

　④尋找學習資源並運用資源，提升生活品質，增進家庭的向心力與凝聚力。

　⑤針對家庭成員間的學習及成長，不斷檢討並給予回饋。

28. 促進親子溝通建立親子關係，最基本的是「傾聽」技巧，父母親在與子女溝通時，應如何傾聽子女的心聲？【2005年社工人員四等特考】

【解答】

同第23題。

2009年

29. 對有身心障礙孩子的父母，該如何實施親職教育，試說明之。【2009年原住民四等特考】

【解答】

(1) 身心障礙兒童的父母之親職教育，應針對父母個人調適及不同類別程度需求的兒童兩方面來規劃設計。

(2) 承認身心障礙子女的事實，障礙只是一種生理症狀而非因果報應。

(3) 為子女安排適合的衛生教育與社會服務。

(4) 針對身心障礙兒童父母提供必要的支持，包括：紓解性的照顧、家庭的健康服務、交通接送、就業輔導、住宿安置、諮商與訓練、休閒活動輔導服務等。

(5) 學校教師及相關單位應密切配合並主動關心子女的成長。

(6) 指導父母重視子女生理狀況所必要的鑑定、診斷、矯正與醫療。

(7) 鼓勵參與身心障礙父母成長團體，及相關的講座或教育活動。

(8) 總之，身心障礙兒童的親職教育需要透過各項社會資源、福利服務、學校及相關團體，一方面協助家庭成員瞭解並接受身心障礙兒童，另方面增強家庭功能及親職教育知能，促使家庭步向穩定成長。

30. 在原住民的族群中，隔代教養家庭為常見之家庭型態，試問對他們要如何實施親職教育，才最有助於孩童身心健康的發展？【2009年原住民四等特考】

【解答】

(1) 管教子女的責任應回歸父母，祖父母只是協助的角色。

(2) 祖父母應主動瞭解孫子女的想法和需求，多採用開明權威的管教

方式，勿凡事依賴舊經驗，勿強制管教、嘮叨及溺愛。

(3) 祖父母提供穩定的關愛及生活環境，多利用機會與孫子女建立良好的關係。

(4) 祖父母應尋求社會資源協助，經常與學校教師保持聯絡、多參與親師活動，或請求社工人員的幫忙。

(5) 祖父母對孫子女的照料勿事事代勞，要常保健康的身體及愉快的心靈。

(6) 祖父母之間要相互支援，各司其職並發揮互補的角色功能。

(7) 學校及保育人員應主動教導新移民家庭成員適切的教育原理、知識、技能及親子溝通技巧，對子女的學習成就應有合理的期望，對其學業表現應時常表達關心和鼓勵。

(8) 鼓勵新移民女性就讀補校或進修學校，熟悉我國語言文字及民俗文化。

(9) 學校可開辦新移民女性的親職教育課程，學校教師可多進行家庭訪問，以瞭解新移民家庭的實際需求。

(10) 提升新移民家庭中父親對親職角色的認知與認同。

31. 在管教過程中，當孩子表現出合乎期望的行為時，給予獎勵為常採用的回饋方式，惟近年來許多親職教育專家們卻認為鼓勵的作法更好，試討論這兩種作法理念與施行上的差異。【2009年原住民四等特考】

【解答】

　　獎勵與鼓勵都是針對子女的良好表現而給予回饋，但兩者在理念和作法上是有區別的。

(1) 獎勵的理念及作法

　　①著重在與他人比較和競爭。

　　②強調外在動機。

　　③重視子女努力的結果。

④父母希望子女達到期望的目標。

⑤著重子女表現出好行為以取悅他人。

⑥很少或無法得到獎勵的子女會容易貶低自己的能力。

（2）鼓勵的理念

①肯定子女自己的優點及長處。

②強調內在動機。

③重視子女努力的過程。

④父母不對子女做任何價值判斷。

⑤著重子女的自我激勵及潛能發揮。

⑥真誠的接納子女的行為。

（3）鼓勵的策略

①賦予子女為自己行為負責。

②給予子女分擔家務的責任。

③接納子女提出個人的看法。

④尊重子女自己的判斷決定。

⑤接納子女能從錯誤中學習。

⑥重視子女努力過程和進步。

⑦發掘子女的優點及創造力。

⑧對子女抱持積極正向期望。

32.當兩代之間（母女或婆媳）或夫妻之間為管教子女有不一致的作法時，對子女身心發展會帶來何種的影響？身為保育人員該如何介入或輔導？
【2009年原住民四等特考】

【解答】

（1）管教不一致帶給子女的影響

①等於給子女製造三角關係的困境，感到混亂而無所適從。

②容易養成子女投機的壞習慣，或漠視父母的管教。

（2）保育人員的介入輔導方式

　　①以子女為優先考量。

　　②引導父母善用彼此的強處來互補，假如一方失衡，另一方必須
　　　保持平衡。

　　③引導父母一方在管教子女時，另一方就算有異議，也不宜當著
　　　孩子的面指責對方，以免貶低對方的權威。

　　④引導年輕的父母切忌當著子女的面貶斥祖父母的管教方式，也
　　　不應用溺愛的方式來拉攏子女以疏遠祖父母；反之，亦然。

2010年

33. 今年學校要推動親子共讀，試問可以透過哪些親職教育實施方式進行？請就動態和靜態親職教育實施方式，至少各舉二例說明之。【2010年原住民四等特考】

【解答】

親子共讀之目的在於增進親子關係，達到終身學習的目標。

（1）動態的親職教育方式

　　①演講法：利用各種集會辦理專題演講，幫助父母及子女瞭解親子共讀的意義及可行的作法。

　　②座談法：辦理親師會議及親子共讀座談。

（2）靜態的親職教育方式

　　①刊物法：印製親職教育刊物，提供父母及子女有關親子共讀的訊息。

　　②資訊法：運用網際網路方式，主動提供相關訊息。

34. 如果說「聆聽」、「表達」、「讚美」、「表達負向意見與感受」是有效的親子溝通技巧，你如何向家長說明這四項溝通技巧的原則？請各舉一實例說明之。【2010年原住民四等特考】

【解答】

（1）聆聽

　　①對子女所說的內容及隱含的感受給予回饋。

　　②運用同理的音調表情。

　　③保持與子女目光的接觸。

　　④開放的態度，並使身體微微向前傾。

　　⑤注重非語言訊息。

　　⑥例如：看到你手足舞蹈，可以感受到你很開心。

（2）表達

　①使用開放式語句。

　②運用子女聽得懂的語言表達。

　③注意語調及臉部表情。

　④注重表達時的情境和時間。

　⑤例如：我感覺到你好像很難過，我很想和你一起分享難過，你
　　願意告訴我嗎？

（3）讚美

　①注重立即性。

　②讚美子女時，應注重子女的具體行為或表現。

　③例如：今天你的表現太好了，爸爸真以你為榮！

（4）表達負向意見或感受

　①應該就事論事，不可遷就情緒。

　②表達要清楚，不可含糊籠統。

　③處理要立即。

　④要顧及子女的自尊。

　⑤例如：你身為姐姐還欺負妹妹，媽媽感覺很不高興。

35. 曉華是今年大班新生，來自單親家庭，母親是越南籍新住民，父親在曉
華兩歲時車禍去世，母親目前擔任大樓清潔工，是家中的主要經濟支
柱。相較於班上同年齡的孩子，曉華在語言表達能力上有嚴重落後的現
象，此外，曉華的生活自理能力和社會行為上，都需要特別輔導，請問
在為類似曉華的家庭規劃親職教育時，應該注意和強調哪些重點？請說
明之。【2010年原住民四等特考】

【解答】

（1）曉華的家庭問題

　①屬於單親家庭，也是新移民家庭。

②家庭狀況面臨經濟及工作問題。

③曉華受到家庭因素影響，有語言表達、生活自理及社會行為的困擾。

（2）規劃親職教育的原則

①辦理父母成長團體，強化社會支持體系：邀請家長參加學校辦理的單親父母成長團體，提供曉華的母親可以獲得家長間的支持。

②辦理親子戶外教學活動，增進親子關係，豐富曉華的成長經驗。

③結合社會資源，提供經濟支持，降低曉華母親的經濟壓力，增加與曉華的親子互動。

④進行家庭訪問，確實瞭解曉華的家庭需求，並提供問題解決的建議。

36. 根據Baumrind（1966）的分類，父母管教子女態度大致可分為寬容溺愛型、獨斷型、威信型。請就這三類型的父母管教態度分析其子女可能的行為發展。【2010年原住民四等特考】

【解答】

同第20題。

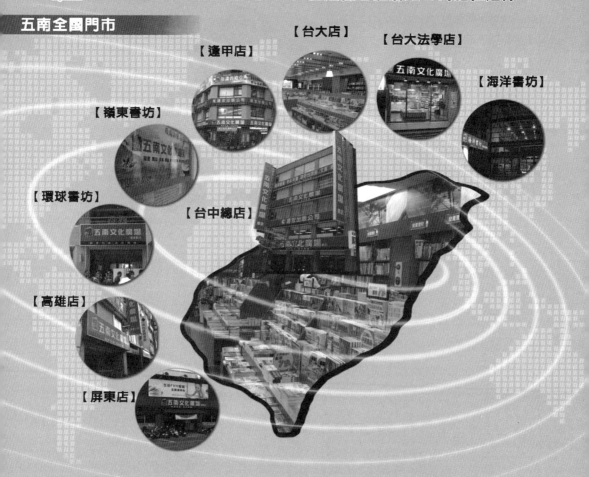

國家圖書館出版品預行編目資料

親職教育概要／吳俊憲，吳錦惠編著. ——初
版. ——臺北市：五南，2011.05
　　面；　公分
　ISBN 978-957-11-6287-4 (平裝)
　1.親職教育
528.2　　　　　　　　　　100007574

1IVM

親職教育概要

編　　著 — 吳錦惠　吳俊憲 (163.5)

發 行 人 — 楊榮川

總 編 輯 — 龐君豪

主　　編 — 陳念祖

責任編輯 — 李敏華

封面設計 — 童安安

出 版 者 — 五南圖書出版股份有限公司

地　　址：106台北市大安區和平東路二段339號4樓

電　　話：(02)2705-5066　　傳　　真：(02)2706-6100

網　　址：http://www.wunan.com.tw

電子郵件：wunan@wunan.com.tw

劃撥帳號：01068953

戶　　名：五南圖書出版股份有限公司

台中市駐區辦公室/台中市中區中山路6號

電　　話：(04)2223-0891　　傳　　真：(04)2223-3549

高雄市駐區辦公室/高雄市新興區中山一路290號

電　　話：(07)2358-702　　傳　　真：(07)2350-236

法律顧問　元貞聯合法律事務所　張澤平律師

出版日期　2011年5月初版一刷

定　　價　新臺幣350元